Empreintes littéraires

2de

Cahier de français

Sous la direction de :
Florence RANDANNE
Agrégée de Lettres classiques
académie d'Amiens

Céline BARRAUD
Agrégée de Lettres classiques
Lycée Pierre-d'Ailly, Compiègne

Astrid CHAMAHIAN-BACHELLERIE
Agrégée de Lettres modernes
Collège Roquepertuse, Velaux

Jérôme DEWASCH
Agrégé de Lettres classiques
Lycée Pierre-d'Ailly, Compiègne
INSPÉ d'Amiens

Patricia FIZE
Agrégée de Lettres modernes
académie de Caen

Rémi LASSALLE
Agrégé de Lettres classiques
Lycée Pierre-d'Ailly, Compiègne

Sébastien LEMERLE
Certifié de Lettres classiques
Lycée Paul-Claudel, Laon

Laëtitia LOBET
Agrégée de Lettres modernes
Docteur en littérature française et comparée
Lycée Robert de Luzarches, Amiens

Mirita MERCKAERT RIBEIRO
Agrégée de Lettres modernes
Chargée de mission pour l'enseignement du théâtre
Lycée Édouard Gand, Amiens

MAGNARD

Sommaire

24 podcasts originaux pour apprendre autrement l'histoire littéraire
www.lienmini.fr/el2-019

Lire et analyser un texte

Les genres

Les tonalités

Les mouvements

Analyser et interpréter la langue

Se préparer aux épreuves du baccalauréat

Le commentaire

La dissertation

Le carnet de lecture

La contraction et l'essai

L'oral

FICHES REPÈRES 1

Le roman et le récit

L'Antiquité

L'écriture narrative se développe en Grèce au VIIIe siècle av. J.-C., au moment où naît un modèle politique nouveau, la cité, régie par une communauté de citoyens.

Les genres et les thèmes

- Les **épopées**, longs récits en vers, chantent la destinée des héros, notamment ceux qui combattirent à Troie pour obéir aux dieux de la cité (Homère, *Iliade*, *Odyssée* ; Virgile, *Énéide*).
- Le **roman grec** raconte les épreuves vécues par un couple d'amoureux idéalisé dans un monde injuste (Longus, *Daphnis et Chloé*).
- Le **roman latin** offre le spectacle des aventures comiques de personnages débauchés ou grotesques (Pétrone, *Le Satyricon* ; Apulée, *L'Âne d'or*).

Le Moyen Âge

Au IXe siècle, le français fait son apparition dans les textes écrits. D'abord employé dans les textes officiels (842, Serments de Strasbourg), il devient langue littéraire.

	XIe	XIIe – XIIIe – XIVe – XVe
Les genres	**Chansons de geste,** comparables à l'épopée antique	Le raffinement des mœurs entraîne l'**apparition du roman**, destiné à être lu Longs récits appelés « **romans** », **en vers, puis en prose**
Les thèmes	Exploits guerriers Histoires des familles royales et princières	Aventures où merveilleux et amour courtois s'entremêlent à l'intrigue Inspirés de l'Antiquité, de la légende arthurienne Romans contestataires faisant la satire de la société ou des valeurs courtoises
Une œuvre	***La Chanson de Roland***	***Le Roman de Renart*** (XIIe-XIIIe)

Le XVIe siècle

Multiplication et renouvellement

Le contexte

- diffusion des textes grecs
- avènement d'une littérature européenne
- imprimerie

Les idées et les thèmes

- foi en l'homme et en ses facultés intellectuelles
- quête du bonheur et de la dignité
- thèmes : éducation, politique, religion, guerre, société

Les genres et les tonalités

- roman
- nouvelle
- goût du rire, et de la satire, instruments de la dénonciation et véhicules de la pensée

Les œuvres

- François Rabelais, *Pantagruel* (1532), *Gargantua* (1534)
- Marguerite de Navarre, *Heptaméron* (1559)

Le XVIIe siècle

	1600-1660	1660-1700
L'époque	➡ marche vers un État monarchique centralisé ➡ période du **roman baroque**	➡ la monarchie absolue (règne de Louis XIV)
Les idées	➡ vision aristocratique et idéalisée de l'homme ➡ contestation de cet idéal ➡ **préciosité** : analyse des sentiments ➡ **naissance du libertinage** : libre-pensée et critique de la religion	➡ **idéal classique** de l'« honnête homme », goût de la mesure et de l'équilibre ➡ recherche du **naturel**, de la **vraisemblance** psychologique (annonciatrice du roman moderne) ➡ émergence de l'individu
Les genres	➡ roman pastoral ➡ roman héroïque ➡ roman comique ➡ roman picaresque	➡ roman d'analyse ➡ nouvelle ➡ roman épistolaire, conte, roman didactique
Des œuvres	➡ **Honoré d'Urfé**, *L'Astrée* ➡ **Charles Sorel**, *Le Berger extravagant ou l'Anti-Roman* ➡ **Paul Scarron**, *Le Roman comique*	➡ **Mme de Lafayette**, *La Princesse de Clèves* ➡ **Mme d'Aulnoy**, *La Belle et la Bête* (1re version)

Le XVIIIe siècle

Au siècle des Lumières, le roman repose sur **une exigence de vérité**. Il a pour intentions de remettre en cause les normes sociales, mais aussi d'observer la vie en mouvement.

Évolutions romanesques : le réel et l'imaginaire

Une réflexion sur le genre

- des effets de réel : importance donnée au corps et à l'intimité
- recherche accrue de la vraisemblance
- confusion de l'héroïque et du satirique (ex. : romans de Marivaux, de l'abbé Prévost)
- confusion du jeu fantastique et du sérieux
- réflexion sur la fiction (ex. : Denis Diderot, *Jacques le Fataliste*)

Des genres et des formes

- romans de mœurs (ex. : abbé Prévost, *Manon Lescaut*)
- romans libertins (ex. : Pierre Choderlos de Laclos, *Les Liaisons dangereuses*)
- romans épistolaires (ex. : Françoise de Graffigny, *Lettres d'une Péruvienne*)
- contes philosophiques (ex. : Voltaire, *Candide*)
- apparition du récit fantastique (ex. : Jacques Cazotte, *Le Diable amoureux*)

Des choix d'écriture

- fictions de l'authenticité : 1re personne, roman-mémoires ou épistolaire
- point de vue interne du narrateur, transcrivant une expérience individuelle du monde
- représentation d'une vie dans sa durée, panorama de la société
- dimension philosophique et critique
- goût du conte, du récit bref pour dévoiler et critiquer la société, le pouvoir, la religion
- tonalité ironique, connivence entre lecteur et romancier

André Marty, *Le baron chasse Candide à grands coups de pied dans le derrière*, illustration pour *Candide* de Voltaire, 1937.

Le XIXᵉ siècle

Après la Révolution française, récit et roman, en raison de leur plasticité qui leur permet d'accueillir toutes les formes, toutes les matières et tous les sujets, prennent une place prépondérante dans la production littéraire.
Au fil du siècle, suscitées par les événements historiques et les évolutions sociales, trois sensibilités littéraires s'expriment dans le roman : **le Romantisme**, **le Réalisme** et **le Naturalisme**, qui parfois s'entremêlent.

Récits et romans de l'individu

Le héros, un individu véritable

Les sensibilités

- **Romantisme** : aspiration à un idéal moral, exacerbation des passions
- **Réalisme** : montrer la réalité telle qu'elle est
- **Naturalisme** : fonder le Réalisme sur des lois scientifiques

Les genres

- fresques historiques et sociales

Romantisme
- roman autobiographique et psychologique
- récit fantastique

Réalisme et Naturalisme
- roman de mœurs

Les thèmes

- la mort
- forces et faiblesses de l'être humain

Romantisme
- le « moi », l'expérience intérieure
- la nature
- le conflit avec la société

Réalisme et Naturalisme
- le parcours de l'individu dans la société

Les personnages

- Werther, personnage romantique
- Julien Sorel, entre Romantisme et Réalisme
- Thérèse Raquin, personnage naturaliste

Les œuvres

- **Romantisme** : Gérard de Nerval, *Voyage en Orient* (1851)
- **Romantisme et Réalisme** : Stendhal, *Le Rouge et le Noir* (1830)
- **Réalisme** : Gustave Flaubert, *Madame Bovary* (1857)
- **Naturalisme** : Émile Zola, *Thérèse Raquin* (1867)

Romans de l'engagement

Les romanciers observent les souffrances qu'inflige aux hommes le monde du travail, et ils étudient notamment les différentes formes de l'**exclusion**.
Pendant que **George Sand** critique l'institution du mariage ou encore la condition ouvrière et paysanne, **Victor Hugo** dans *Les Misérables* dépeint les difficultés des classes populaires et chante les humbles.

Les grandes fresques romanesques

Balzac, puis Zola entreprennent de montrer qu'aux lois naturelles, découvertes par la science, répondent des lois sociales, que le roman peut découvrir et étudier.

La Comédie humaine

Dans ce cycle de 100 romans et nouvelles, Honoré de Balzac entreprend de fondre des pans entiers de **la réalité** dans un « drame à trois ou quatre mille personnages », pour rédiger une **histoire des mœurs** et saisir **la vérité profonde de l'homme**.

- **Thèmes** : amour, relations familiales, religion, ascension sociale, argent.
- **Cadre** : sociétés secrètes, journalisme, Histoire, peuple (ville et campagne).
- **Genres** : roman de mœurs, historique, policier, fantastique.

Les Rougon-Macquart

Ce **cycle d'Émile Zola**, sous-titré *Histoire naturelle et sociale d'une famille sous le Second Empire,* se compose de **vingt romans**. Il s'appuie sur **les théories de Darwin** et du docteur Lucas (**hérédité**).

- **Thèmes** : tares héréditaires, milieu social, ascension sociale, argent…
- **Cadre** : milieu des affaires, bourgeoisie, ouvriers, paysans, petits commerçants…
- **Genres** : roman de mœurs, historique.

Les XXe et XXIe siècles

Le genre reste très florissant au XXe siècle et poursuit son expansion au XXIe siècle, en qualité et en quantité, malgré la concurrence du film, dans une société où tous savent – ou doivent savoir – lire.
Prenant du recul par rapport au Naturalisme et aux grandes lois morales, le roman au XXe siècle peint un individu libre de ses choix et confronté aux difficultés de cette liberté. Thèmes et formes se renouvellent, en rompant avec les traditions ou en les prolongeant, notamment au XXIe siècle.

Explorer de nouvelles trajectoires

Les voies nouvelles du roman moderne

Ruptures et liberté

De nouvelles écritures
- écriture poétique, monologues intérieurs, déconstruction du langage
- écriture en « courant de conscience » (*stream of consciousness*)
- effacement ou parodie de l'intrigue traditionnelle
- prééminence de la sensation, de la vie intérieure

Des personnages en quête de sens
- un « je » isolé dans un monde sans idéal
- l'existence comme souffrance, l'identité indécise, l'art comme issue

Les auteurs
- Marcel Proust, André Gide
- Franz Kafka
- le Nouveau Roman (voir p. 63)

Le roman entre fiction et réel

- biographie imaginaire : raconter un épisode de la vie d'un personnage illustre
- autofiction : fusion, dans un roman, de l'auteur, du narrateur et du protagoniste
- allo-autobiographie : fusion, dans un « je », de personnages divers

Les auteurs
- Colette, Pierre Loti, Marguerite Duras, Marguerite Yourcenar, Nicolas Bouvier

Prolonger les traditions

Ces romans ont aujourd'hui la préférence des lecteurs et des jurys des prix littéraires.

Une multiplicité de formes

Romans à portée morale et philosophique

- conscience et proclamation de l'imperfection humaine
- attitude du sujet : nostalgie de l'idéal, révolte, sentiment de l'absurde
- auteurs : Raymond Radiguet, François Mauriac, Jean-Paul Sartre, Albert Camus, Kamel Daoud

Roman social

- héritage du roman réaliste du XIXe siècle
- fusion de l'imagination et du réalisme
- attitude du sujet : conscience critique
- auteurs : Roger Martin du Gard, John Steinbeck, Georges Simenon, Maylis de Kérangal

Romans et Histoire

- intrigue : l'action de l'homme dans l'Histoire
- observation de la conscience de l'homme
- analyse et introspection des luttes historiques
- auteurs : André Malraux, Patrick Modiano, Alice Zeniter, Pierre Lemaitre, Gaël Faye

Romans de la dérision

- héritage d'une lignée inaugurée par Pétrone
- parodie du roman traditionnel
- peinture de l'imperfection de l'homme
- le héros, figure dégradée de l'aventurier dans un monde hostile
- auteurs : Louis-Ferdinand Céline, Milan Kundera, Michel Houellebecq

Romans populaires

- romans policiers, d'aventure, de science-fiction, sentimentaux

Les outils d'analyse du récit

Le récit peut se définir comme un **énoncé écrit ou oral racontant des événements**.

1 Le narrateur

Voix qui produit le récit

La personne

- **narration à la 3e personne** : narrateur absent de l'histoire racontée
- **narration à la 1re personne** : narrateur présent dans l'histoire comme personnage, héros ou témoin
- il existe des narrations à la 2e personne

Le point de vue

- **point de vue/focalisation externe** : le narrateur en sait moins que le personnage, il voit la scène de l'extérieur, comme une caméra qui filmerait
- **point de vue/focalisation interne** : le narrateur en sait autant que le personnage, il appréhende les choses comme lui
- **point de vue omniscient/focalisation zéro** : le narrateur en sait plus que le personnage, il sait tout et voit tout

2 La chronologie et le rythme

Ordre du récit et ordre chronologique

- **analepse** : les événements racontés se sont déroulés **avant** l'action principale (retour en arrière)
- **prolepse** : les événements racontés se sont déroulés **après** l'action principale (anticipation)

Le rythme du récit

Rapport durée de l'histoire/longueur du récit

- **pause** : arrêt du récit pour faire un commentaire, une description
- **scène** : récit détaillé d'un moment important (ex. : dialogue)
- **sommaire** : résumé d'une longue période
- **ellipse** : occultation de toute une période (plusieurs mois, années…)

3 La description

Les fonctions

- alimenter l'imagination (effet de réel)
- exposer un savoir
- servir l'histoire : atmosphère, portrait, causes et effets de l'action
- intérêt esthétique (ex. : *ekphrasis*, description détaillée d'une œuvre d'art)

Les faits de langue

- connecteurs spatiaux ou temporels
- adjectifs épithètes, C. du nom, prop. sub. relatives
- temps de l'imparfait ou du présent
- lexique : verbes de perception ou de mouvement, réseaux lexicaux
- figures de style : métaphores, comparaisons

Exercices

1 La focalisation

1. André Malraux, *La Condition humaine* (1933)

Tchen tenterait-il de lever la moustiquaire ? Frapperait-il au travers ? L'angoisse lui tordait l'estomac ; il connaissait sa propre fermeté, mais n'était capable en cet instant que d'y songer avec hébétude, fasciné par ce tas de mousseline blanche qui tombait du plafond sur un corps moins visible qu'une ombre, et d'où sortait seulement ce pied à demi incliné par le sommeil, vivant quand même – de la chair d'homme.

2. Alain Robbe-Grillet, *La Jalousie* (1957)

Elle fait quelques pas dans la chambre et s'approche de la grosse commode, dont elle ouvre le tiroir supérieur. Puis remue les papiers, dans la partie droite du tiroir, se penche, et, afin d'en mieux voir le fond, tire un peu plus le casier vers elle. Après de nouvelles recherches elle se redresse et demeure immobile, les coudes au corps, les deux avant-bras repliés et cachés par le buste – tenant sans aucun doute une feuille de papier entre les mains.

3. Honoré de Balzac, *Le Père Goriot* (1835)

Après sept ans de bonheur sans nuages, Goriot, malheureusement pour lui, perdit sa femme ; elle commençait à prendre de l'empire sur lui, en dehors de la sphère des sentiments. Peut-être eût-elle cultivé cette nature inerte, peut-être y eût-elle jeté l'intelligence des choses du monde et de la vie. Dans cette situation, le sentiment de la paternité se développa chez Goriot jusqu'à la déraison. Il reporta ses affections trompées par la mort sur ses deux filles [...]. Son beau-père, le seul homme pour lequel il avait eu du penchant, prétendait savoir pertinemment que Goriot avait juré de ne pas faire d'infidélité à sa femme, quoique morte. Les gens de la Halle, incapables de comprendre cette sublime folie, en plaisantèrent, et donnèrent à Goriot quelque grotesque sobriquet.

Quelle est la focalisation adoptée dans chacun de ces extraits ?

- Texte 1 : ....

....

....

- Texte 2 : ....

....

....

- Texte 3 : ....

....

....

2 L'ordre du récit

1. Pierre Lemaitre, *Au revoir là-haut* (2013)

Évidemment, voir comme ça Édouard Péricourt allongé dans la gadoue le 2 novembre 1918 avec une jambe en bouillie, on peut se demander si la chance ne vient pas de tourner, et dans le mauvais sens. En fait non, pas tout à fait, parce qu'il va garder sa jambe. Il boitera le restant de ses jours, mais sur deux jambes.

2. Victor Hugo, *Les Misérables* (1862)

Pour que Marius en vînt à cette situation florissante, il avait fallu des années. Années rudes ; difficiles, les unes à traverser, les autres à gravir. Marius n'avait point failli un seul jour. Il avait tout subi, en fait de dénuement ; il avait tout fait, excepté des dettes.

a. Dans ces deux extraits, identifiez l'analepse et la prolepse. Justifiez votre réponse.

....

....

....

....

....

....

....

....

b. Quels sentiments, quelles attentes ces choix narratifs suscitent -ils chez le lecteur ?

....

....

....

....

....

....

....

....

3 Les fonctions de la description

Julien Gracq, *Le Rivage des Syrtes* (1951)

Le narrateur effectue une mission de reconnaissance et son vaisseau navigue vers les côtes d'un pays hostile. Soudain, on aperçoit une fumée à l'horizon.

Cette fumée engluée[1] et tenace ne parlait guère d'un navire ; elle ressemblait parfois au filet exténué qui monte très haut dans un soir calme au-dessus d'un feu expirant, et pourtant on la pressentait singulièrement vivace ; il émanait de sa forme je ne sais quelle impression maléfique, comme de l'ombelle[2] retournée au-dessus d'un cône renversé qui s'effile, que l'on voit à certains champignons vénéneux.

1. semblable à une matière gluante. 2 surface sphérique présente au sommet de certains végétaux.

a. De quelles facultés le narrateur fait-il usage dans cette description ? Quels faits de langue sont employés ici ?

....

....

....

....

....

....

....

....

....

....

b. Quelles fonctions une telle description remplit-elle ?

....

....

....

....

....

....

....

....

....

2 Le théâtre

FICHES REPÈRES

L'Antiquité

Les genres et les thèmes

- La **tragédie** antique met en scène des mythes pour parler de la condition humaine et du rôle du citoyen (les Grecs Eschyle, Sophocle et Euripide, Vᵉ siècle av. J.-C., le Romain Sénèque au Iᵉʳ siècle).
- La **comédie** antique emploie le rire comme instrument de satire politique ou sociale, souvent virulente (le Grec Aristophane au Vᵉ siècle av. J.-C, les Romains Plaute et Térence au IIᵉ siècle av. J.-C.).
- Ces modèles inspireront par la suite Shakespeare et Molière.

Comédien romain jouant du tambourin, Iᵉʳ siècle, musée archéologique de Naples (Italie).

« Puisque c'est par la pitié et par la terreur que le poète tragique doit produire le plaisir, il s'ensuit que ces émotions doivent sortir de l'action même »
Aristote, *Poétique*

Le mot grec *théatron* (de *théasthaï*, « regarder ») désigne le lieu que l'on observe, où se déroule le spectacle. Ainsi, le genre théâtral est **à la fois un texte et une représentation**. Il est apparu au Vᵉ siècle av. J.-C. à Athènes, lors des fêtes en l'honneur de Dionysos, dieu des forces vitales et du vin.

Du Moyen Âge au XVIᵉ siècle

	XIᵉ-XVᵉ	XVIᵉ
Les lieux	➡ En pleine rue, sur des tréteaux, **dans les foires**	➡ Espaces privés (**pas de salles de théâtre**)
Le public, le spectacle	➡ **Public populaire** ➡ Le spectacle peut durer plusieurs jours	➡ **Public : noblesse et cour** ➡ Texte déclamé, jeu limité à la lamentation dans la tragédie
Les genres	➡ Le **mystère**, pièce religieuse ➡ Des pièces comiques : **farce, sotie**	➡ Retour de la **tragédie** et de la **comédie** ➡ Farce, mime comique
Les thèmes	➡ **Bible, vie du Christ et des saints**, légendes populaires (théâtre religieux) ➡ **Vie quotidienne** (farce) ➡ **Satire des puissants** (sotie)	➡ Bible, **mythes grecs, malheurs des grands** (tragédie) ; inspirations antiques (Sophocle, Euripide, Sénèque) ➡ Amour contrarié, intrigue dans les **milieux bourgeois** (comédie) ; inspirations antiques (Plaute, Térence)
Œuvres	➡ **Jean Michel**, *La Passion* (1486 – mystère) ➡ ***La Farce du cuvier*** (XVᵉ siècle – farce)	➡ **Étienne Jodelle**, *L'Eugène* (1553 – comédie) ➡ **Robert Garnier**, *Hippolyte, fils de Thésée* (1573 – tragédie)

Héritière du carnaval ou de la fête des fous, la **sotie** est une farce satirique très prisée au XVᵉ siècle. Son succès entraîna son interdiction de 1588 à 1594, les propos étant jugés irrévérencieux et subversifs. Les comédies furent également interdites, pour ne laisser que la tragédie, seul divertissement de cour.

Représentation théâtrale au Moyen Âge, vers le XVᵉ siècle, gravure tirée d'une miniature.

Le XVIIe siècle

Un âge d'or du théâtre

Développement du théâtre

Le succès du théâtre

- **des soutiens** : le cardinal de Richelieu, Louis XIV
- **des lieux dédiés** : l'Hôtel de Bourgogne, le Palais-Royal, la Comédie-Française en 1680
- **public** : noblesse de cour dans les loges, bourgeoisie et peuple debout au parterre

Le jeu

- **le corps** est davantage mis en jeu
- **des troupes célèbres** comme les Comédiens-Italiens, la troupe de Molière
- **des acteurs consacrés** : La Grange (comédie), la Champmeslé ou Montfleury (tragédie)

Les sources d'inspiration

- **modèles antiques et bibliques**. Ex. : *Athalie* de Racine s'inspire d'un épisode de la Bible
- **modèles espagnols**. Ex. : *Le Cid* de Corneille s'inspire d'une pièce espagnole
- **modèles italiens**. Ex. : le personnage de Matamore, soldat fanfaron chez Corneille, est inspiré de la *commedia dell'arte*

Les genres

- **la tragédie**. Ex. : Pierre Corneille, *Cinna* (1641), Jean Racine, *Andromaque* (1667)
- **la tragi-comédie**. Ex. : Pierre Corneille, *Le Cid* (1637)
- **la comédie**. Ex. : Pierre Corneille, *L'Illusion comique* (1634), Molière, *L'Avare* (1668)
- **la comédie-ballet**, avec musique et danse. Ex. : Molière, *Le Malade imaginaire* (1673)
- **la farce**. Ex. : Molière, *La Jalousie du Barbouillé* (vers 1660)

Le vert porte-t-il malheur au théâtre ? Cette superstition vient de la difficulté à obtenir la couleur verte qui, dès le XVIe siècle, a mauvaise réputation. Le mélange des ingrédients (vert-de-gris) est corrosif et toxique, ce qui devait effrayer les comédiens et les décourager de porter du vert. À cela s'ajoute la mort de Molière lors de son dernier rôle, Argan dans *Le Malade imaginaire*, qui, dit-on, portait un costume vert.

Du baroque au classicisme

Théâtre baroque

Jeu sur l'illusion théâtrale pour une **mise en abyme** du monde réel

Pierre Corneille, *L'Illusion comique*, acte I, scène 3 (1635)

Alcandre explique à Pridamant comment, dans sa grotte magique, il pourra voir le passé de son fils.

ALCANDRE. – Je vais de ses amours
Et de tous ses hasards vous faire le discours.
Toutefois si votre âme était assez hardie,
Sous une illusion vous pourriez voir sa vie,
Et tous ses accidents[1] devant vous exprimés
Par des spectres pareils à des corps animés ;
Il ne leur manquera ni geste, ni parole.

1. péripéties et événements de sa vie.

Champ lexical de l'apparence : tout ce que verra Alcandre n'est qu'illusion. C'est aussi le sens du jeu théâtral.

Théâtre classique

Plaire et instruire : purger les passions ou « corriger les mœurs par le rire »

Molière, *Le Bourgeois gentilhomme*, acte II, scène 4 (1670)

Monsieur Jourdain prend une leçon sur le langage.

MAÎTRE DE PHILOSOPHIE. – Non, Monsieur : tout ce qui n'est point prose, est vers ; et tout ce qui n'est point vers, est prose.
MONSIEUR JOURDAIN. – Et comme l'on parle, qu'est-ce que c'est donc que cela ?
MAÎTRE DE PHILOSOPHIE. – De la prose.
MONSIEUR JOURDAIN. – Quoi, quand je dis : « Nicole, apportez-moi mes pantoufles, et me donnez mon bonnet de nuit », c'est de la prose ?
MAÎTRE DE PHILOSOPHIE. – Oui, Monsieur.
MONSIEUR JOURDAIN. – Par ma foi, il y a plus de quarante ans que je dis de la prose, sans que j'en susse rien ; et je vous suis le plus obligé du monde, de m'avoir appris cela.

Monsieur Jourdain cherche à comprendre. Mais il montre aussi son ignorance, qui crée un effet comique.

Les règles du théâtre classique

- **La règle des trois unités** : une seule action, un seul lieu, une seule journée.
- **La bienséance** : respect des mœurs 1) à l'époque de l'action, 2) du public du XVIIe siècle (pas de meurtre sur scène).
- **La vraisemblance** : paroles et actions doivent être crédibles.

Le XVIIIe siècle

Les règles s'assouplissent. Les auteurs introduisent des scènes de meurtre et complexifient les intrigues.

Beaumarchais achève l'écriture de *La Folle journée ou le Mariage de Figaro* en 1778. Pourtant elle ne sera jouée qu'en 1784, après six ans de censure et de démarches successives de la part de son auteur, qui défend sa pièce et son propos. Le soir de la première, le 27 avril 1784, la salle est bondée et le public attend également à l'extérieur pour voir le spectacle tant attendu. La représentation dure plus de cinq heures. C'est un triomphe !

➡ La **tragédie** domine toujours la scène (ex. : Voltaire, *Œdipe*, 1718, *Oreste*, 1750).
➡ Les dramaturges inventent le **drame bourgeois** qui traite de sujets graves dans une intrigue familiale à valeur morale (ex. : Denis Diderot, *Le Père de famille*, 1758).
➡ La **comédie** se diversifie. Les scènes sont entrecoupées de chansons aux airs connus (ex. : Beaumarchais, *Le Barbier de Séville*, 1775). Les auteurs pratiquent **une analyse subtile des sentiments (marivaudage)**, accompagnée par des déguisements des personnages (ex. : Marivaux, *Les Fausses Confidences*, 1737). Ils dénoncent aussi les **inégalités sociales** (ex. : Marivaux, *L'Île des esclaves,* 1725 ; Beaumarchais, *Le Mariage de Figaro,* 1784).

Le XIXe siècle

Les genres classiques et la hiérarchie entre tragédie et comédie sont contestés par le théâtre romantique. De nouveaux genres apparaissent.

Le drame romantique

Les principes
- mélange du tragique et du comique
- refus des règles classiques
- intrigues inspirées de l'Histoire

Les auteurs et les œuvres
- Alfred de Musset, *On ne badine pas avec l'amour* (1833) : genre du « proverbe », pièce illustrant une maxime
- Victor Hugo, *Ruy Blas* (1838) : inspiré de l'Espagne du XVIe siècle
- Edmond Rostand, *Cyrano de Bergerac* (1897) : inspiré d'un personnage historique du XVIIe siècle

Illustration d'*On ne badine pas avec l'amour* d'Alfred de Musset, 1904

On ne badine pas avec l'amour a d'abord été un texte en vers inspiré d'un proverbe, comme le veut une mode de l'époque. Musset, en effet, écrit des textes dramatiques à lire plutôt qu'à mettre en scène, qu'il intitule « Un spectacle dans un fauteuil ». Finalement *On ne badine pas avec l'amour* deviendra un drame romantique en prose, dont l'acte III est empreint de tragique.

Le mélodrame

- drame mêlé de musique
- a donné « mélo » (terme familier pour « larmoyant »)
- ex. : Louis-Charles Caignez, *La Pie voleuse* (1815)

Le vaudeville

- comédie d'intrigue aux nombreux rebondissements
- satire des milieux d'affaires et de la vie bourgeoise
- a donné « vaudevillesque »
- ex. : Eugène Labiche, *L'Affaire de la rue de Lourcine* (1857)

Le drame comique

- intrigue de tragédie traitée comme une farce
- rupture des codes du théâtre
- a donné « ubuesque »
- ex. : Alfred Jarry, *Ubu roi* (1896)

Les XXe et XXIe siècles

Questionnements et explorations

	Inspirations, courants, thèmes	Auteurs, metteurs en scène et œuvres
1900-1930	Influences religieuses, orientales ou antiques	**Paul Claudel**, *Le Soulier de satin* (1929) **Jean Cocteau**, *La Machine infernale* (1934) **Jean Giraudoux**, *La Guerre de Troie n'aura pas lieu* (1935)
1920-1960	Recherches théâtrales : le **spectacle total** la **distanciation** le **théâtre populaire**	**Antonin Artaud**, *Le Théâtre et son double* (1938) **Bertolt Brecht**, *Petit Organon pour le théâtre* (1948) **Jean Vilar** (metteur en scène) crée le festival d'Avignon (1947)
1945-1960	L'après-guerre, les bouleversements politiques et philosophiques L'existentialisme de Jean-Paul Sartre	**Jean-Paul Sartre**, *Les Mains sales* (1948) **Albert Camus**, *Les Justes* (1949)
1950-1980	Le **théâtre de l'Absurde**	**Samuel Beckett**, *Fin de partie* (1957) **Eugène Ionesco**, *La Cantatrice chauve* (1950) **Eugène Ionesco**, *Le roi se meurt* (1962)
Depuis 1980	Retour au **théâtre de texte** Jeu sur le **langage**	**Bernard-Marie Koltès**, *Roberto Zucco* (1990) **Jean Tardieu**, *La Comédie du langage* (1987) **Jean-Luc Lagarce**, *Juste la fin du monde* (1990) **Valère Novarina**, *L'Atelier volant* (1998)

L'ère de la mise en scène

À partir de 1940, le metteur en scène opère une véritable création du texte théâtral en réinterprétant des textes classiques et contemporains : Jean Vilar, Antoine Vitez, Georges Lavaudant, Brigitte Jaques-Wajeman, et tout dernièrement David Bobée, Thomas Jolly…

	Évolutions, courants, thèmes	Auteurs, metteurs en scène et œuvres
Depuis le début du XXe siècle	Bouleversements techniques et artistiques Évolution de la mise en scène par le **recours à d'autres arts**, par des **expériences de vie de troupe** et de collectifs d'artistes	Recours aux arts plastiques (**Roméo Castellucci**), à la musique (**Benjamin Lazar**), à la vidéo (**Cyril Teste**) **Théâtre du Soleil** d'Ariane Mnouchkine, compagnie **Les Chiens de Navarre**
Depuis 1980	**Collaborations fructueuses** entre auteurs et metteurs en scène	**Bernard-Marie Koltès**, *Dans la solitude des champs de coton* (1985), avec le metteur en scène **Patrice Chéreau** **Mohamed Rouabhi**, *Jamais seul* (2017), avec le metteur en scène **Patrick Pineau**
	Théâtre qui parle de **réalités historiques et économiques**, ou porte des témoignages (renouveau du **théâtre documentaire**)	**Jean-Claude Grumberg**, *L'Atelier* (1979) **Collectif Groupov**, *Rwanda 94* (1999) **Ahmed Madani**, *F(l)ammes* (2016)
Depuis 1990	Certains auteurs mettent leur texte en scène dans une **création globale**	**Olivier Py**, *Illusions comiques* (2006) **Wajdi Mouawad**, tétralogie *Le Sang des promesses* (2007-2009) **Catherine Anne**, *J'ai rêvé la révolution* (2018)
	Écriture de plateau : texte créé à partir de fragments et de ce qui se joue sur scène **Improvisations** qui visent la provocation pour dénoncer une société conformiste	**Joël Pommerat**, *Ça ira (1) Fin de Louis* (2015) **Collectif les Chiens de Navarre**, *Jusque dans vos bras* (2016)

Les outils d'analyse du théâtre

Le texte théâtral

La structure de la pièce

Les trois étapes de l'intrigue
- **exposition** : présentation de l'intrigue
- **nœud** : les personnages se heurtent à des événements contraires
- **dénouement** : l'action s'achève

La péripétie
- au sens strict, changement de destin du héros
- en général, bouleversement de l'action
- **coup de théâtre** : péripétie qui surprend le public

Les personnages

- **protagoniste**, personnage principal
- personnage secondaire
- **confident** : personnage secondaire qui écoute et conseille un personnage principal
- **chœur** : dans le théâtre antique, personnage collectif mené par le coryphée
- ***deus ex machina*** : personnage dont l'arrivée providentielle amène le dénouement

Les types de répliques

- **dialogue** : échanges entre plusieurs personnages
- **stichomythie** : succession de répliques très courtes
- **aparté** : réplique destinée uniquement au public, à l'insu des autres personnages
- **tirade** : réplique longue
- **récit** : on raconte un événement déroulé hors scène
- **monologue** : tirade d'un personnage seul en scène ; il peut être délibératif

Les didascalies

- indications de mises en scène (noms de personnages, gestuelle, ton...) non prononcées par les comédiens
- en italique et parfois entre parenthèses
- on parle de **didascalies internes** quand une réplique suggère un jeu de scène

Les principes du théâtre

Imitation et illusion

- ***mimèsis*** : selon Aristote, imitation des actes réels par la représentation dramatique
- **illusion dramatique** : faire croire au spectateur que ce qu'il voit au théâtre est réel

La double énonciation

- le personnage s'adresse 1) à d'autres personnages, 2) au public
- ainsi, le public en sait plus que les personnages

Les effets de la double énonciation
- **quiproquo** : un personnage se trompe sur un autre, sur une situation, etc. ; effet comique
- **ironie dramatique** : le personnage ignore des informations cruciales que le public connaît ; crée le suspense
- **ironie tragique** : un personnage prononce sans le savoir des paroles qui s'applique à sa situation, souvent malheureuse

Les fonctions du théâtre

- ***catharsis*** : selon Aristote, la tragédie purge les mauvaises passions par la terreur et la pitié
- **distanciation** : selon Brecht, le théâtre ne doit pas émouvoir mais faire réfléchir ; le spectateur se met à distance du personnage

Le théâtre dans le théâtre

- représentation d'une pièce de théâtre à l'intérieur d'une pièce de théâtre (mise en abyme)
- permet de mettre en lumière l'illusion dramatique

La représentation théâtrale

Les métiers du théâtre

- **auteur de théâtre (ou dramaturge)** : écrit le texte ; dramaturge est l'appellation traditionnelle
- **conseiller dramaturgique (ou dramaturge)** : spécialiste de l'histoire du théâtre, conseille le metteur en scène
- **comédien** : joue la pièce de théâtre
- **metteur en scène** : dirige tous les éléments du spectacle ; donne son interprétation du texte
- **scénographe** : organise l'espace, crée les décors
- **autres membres de l'équipe artistique** : créateurs lumière et son, costumier, régisseurs de la lumière, du son, des accessoires

La salle et la scène

- **espace scénique, scène ou plateau** : espace concret où jouent les comédiens
- **côté jardin** : partie gauche de la scène pour le public, partie droite pour le comédien
- **côté cour** : partie droite de la scène pour le public, partie gauche (côté cœur) pour le comédien
- **avant-scène** : partie de la scène la plus proche du public
- **fond de scène** : mur de fond
- **« quatrième mur »** : mur imaginaire qui sépare la scène du public
- **coulisses** : espace entourant la scène, caché au public

Exercices

1 Le texte de théâtre : le jeu des répliques

Molière, *George Dandin*, acte III, scène 4 (1668)

George Dandin est dans le jardin, de nuit, soupçonnant sa femme d'y avoir un rendez-vous. Il appelle son valet.
COLIN, *à la fenêtre.* – Monsieur.
GEORGE DANDIN. – Allons, vite, ici-bas.
COLIN, *en sautant par la fenêtre.* – M'y voilà. On ne peut pas plus vite.
GEORGE DANDIN. – Tu es là ?
COLIN. – Oui, Monsieur.
GEORGE DANDIN. – *(Pendant qu'il va lui parler d'un côté, Colin va de l'autre.)* Doucement. Parle bas. Écoute. Va-t'en chez mon beau-père, et ma belle-mère, et dis que je les prie très instamment de venir tout à l'heure ici. Entends-tu ? Eh ? Colin, Colin.
COLIN, *de l'autre côté.* – Monsieur.
GEORGE DANDIN. – Où diable es-tu ?
COLIN. – Ici.

Comment la construction des répliques dans cette scène se nomme-t-elle ? Quel est son effet ?

....

....

....

....

....

....

2 Les effets de la double énonciation

Jean Racine, *Iphigénie*, acte II, scène 2 (1674)

Le devin Calchas a ordonné à Agamemnon d'apaiser les dieux en leur sacrifiant sa propre fille, Iphigénie. Agamemnon la fait venir, mais sous prétexte de la marier avec Achille.
IPHIGÉNIE. – Calchas, dit-on, prépare un pompeux sacrifice ?
AGAMEMNON. – Puissé-je auparavant fléchir leur injustice !
IPHIGÉNIE. – L'offrira-t-on bientôt ?
AGAMEMNON. – Plus tôt que je ne veux.
IPHIGÉNIE. – Me sera-t-il permis de me joindre à vos vœux ?
Verra-t-on à l'autel votre heureuse famille ?
AGAMEMNON. – Hélas !
IPHIGÉNIE. – Vous vous taisez ?
AGAMEMNON. – Vous y serez, ma fille.

a. Iphigénie ignore son destin : surlignez la question qui le montre et nommez cet effet.

....

....

b. Agamemnon signifie implicitement qu'Iphigénie sera sacrifiée : encadrez la phrase qui le montre.

3 Le vocabulaire de la mise en scène

a. Observez cette photographie de mise en scène. Décrivez les différents espaces de jeu (décor, objets…) et la place des personnages en utilisant le vocabulaire de la mise en scène.

....

....

....

....

....

....

....

....

b. Qu'apporte la véritable forêt ? Faites des recherches sur le théâtre de Bussang.

....

....

....

....

....

Mise en scène de *La Dame de chez Maxim… ou presque*, 2017, adaptation d'après Georges Feydeau par le metteur en scène Vincent Goethals, Théâtre du peuple de Bussang en Alsace.

3 FICHES REPÈRES

La poésie

L'Antiquité

Le poète antique est considéré comme un prophète. Au XVIe siècle les poètes de la Pléiade renouent avec cette image : « Le jour que je fus né, Apollon qui préside/ Aux Muses me servit en ce monde de guide » (P. de Ronsard).

À l'origine, le poète s'accompagne de musique. Les différentes formes poétiques antiques sont marquées par cette dimension musicale.

Les formes et les thèmes

Une **grande variété de formes et de tonalités** :
- les **épopées** qui racontent les exploits des héros (*Odyssée* et *Iliade* d'Homère, *Énéide* de Virgile)
- les **odes** qui chantent les amours heureuses (poésie de Sappho, *Odes* d'Horace qui traitent aussi d'autres thèmes comme la célébration des plaisirs de la vie, les sujets politiques) et les **élégies** les amours malheureuses (Tibulle, Properce)
- les **fables** (Phèdre)
- les **récits mythologiques** (*Les Métamorphoses d'Ovide*)

1 Le mythe d'Orphée est le symbole de la poésie lyrique : sublimer les sentiments, charmer autrui, tenter de faire renaître ce qui est perdu.

3 Sa parole poétique est empreinte de pouvoirs divins : par ses chants et sa lyre, il est capable de charmer même les animaux.

2 Orphée, poète légendaire, descendit aux Enfers pour ressusciter son épouse Eurydice. Les dieux, fascinés par sa musique, lui permettent de ramener Eurydice chez les vivants à condition qu'il ne se retourne pas vers elle avant de sortir des Enfers. Il enfreint l'interdit et la perd à jamais.

Orphée entouré d'animaux, v. 250, musée de Palerme (Italie).

Le Moyen Âge

La poésie médiévale voit un passage de l'oral à l'écrit, du troubadour au poète.

	XIe – XIIe – XIIIe	XIVe – XVe
Les formes	➡ **Chanson de geste**, long poème narratif et épique composé en laisses (strophes) assonancées ➡ **Lai, canso**	➡ **Ballade, rondeau** (formes fixes) : d'une poésie orale à une poésie écrite, les poètes mettent l'accent sur le rythme du vers et la rime
Le poète	➡ **Jongleur** : homme de spectacle, il récite le poème qu'il enrichit d'apports personnels ➡ **Troubadour ou trouvère**, il s'accompagne de musique	➡ **L'auteur moderne** apparaît progressivement
Les thèmes	➡ **Exploits de héros** historiques ou légendaires, valeurs chevaleresques ➡ **L'amour courtois**, expression codifiée de l'amour	➡ **Inspiration personnelle** (amour, fuite du temps, passage des saisons)
Une œuvre	➡ ***La Chanson de Roland*** (XIe) ➡ **Marie de France**, *Lais* (XIIe)	➡ **François Villon**, « Épitaphe Villon » (XVe) ➡ **Charles d'Orléans**, *Rondeaux* (XVe)

Le XVIe siècle

Renouvellement et diversité

Les sources d'inspiration
- Les poètes de l'Antiquité
- Platon
- Pétrarque (Italie)

Les thèmes
- l'amour
- la nature
- la fuite du temps
- la création
- la « fureur poétique » (Platon)
- la satire

Diversité des formes
- le sonnet
- l'ode
- l'hymne
- l'épopée
- le blason

Les écoles et courants

Poètes lyonnais
- Louise Labé
- Maurice Scève

La Pléiade
- Joachim Du Bellay
- Pierre de Ronsard

Précurseur du baroque
- Agrippa d'Aubigné

Les poètes français ont emprunté la forme du sonnet au poète italien Pétrarque (XIVe s.). Les poètes de la Pléiade et les poètes baroques ont largement employé cette forme. Le sonnet réapparaît au XIXe siècle chez Nerval, Baudelaire ou Rimbaud.

Les XVIIe et XVIIIe siècles

Les poètes du XVIIe siècle reprennent les formes poétiques héritées du siècle précédent : sonnet, odes, épigrammes. La poésie est souvent un jeu pratiqué dans les salons tenus par les Précieux.

Le XVIIe siècle : du baroque au classicisme

Poésie baroque

Des **images frappantes** pour évoquer **l'instabilité du monde**

Pierre Matthieu, *Tablettes de la vie et de la mort* (1613)

La vie que tu vois n'est qu'une comédie,
Où l'un fait le César et l'autre l'Arlequin ;
Mais la mort la finit toujours en tragédie,
Et ne distingue point l'empereur du faquin.

- La métaphore du théâtre (*theatrum mundi*).
- Une antithèse.
- L'expression de la fragilité de la vie humaine.

Poésie classique

Une poésie didactique : « plaire et instruire »

Jean de La Fontaine, « Le chat et le renard », *Fables* (1668-1694)

Le trop d'expédients[1] peut gâter une affaire ;
On perd du temps au choix, on tente, on veut [tout faire.
N'en ayons qu'un, mais qu'il soit bon.

1. moyens.

- Emploi de l'impératif pour exhorter.
- L'expression d'une vérité générale : présent de vérité générale et pronom « on ».

La poésie au XVIIIe siècle

Le siècle des Lumières n'accorde pas une large place à la poésie.
Ce genre est parfois mis au service de la réflexion philosophique (**Voltaire**, *Poème sur le désastre de Lisbonne*, 1756). À la fin de ce siècle, les *Élégies* d'**André Chénier** annoncent la poésie romantique par leur lyrisme et les poèmes de Jacques Delille chantent une nature tantôt sauvage, tantôt domestiquée.

Les outils d'analyse de la poésie

Les mètres (mesures du vers) les plus courants :
– **octosyllabe** (8 syllabes)
– **décasyllabe** (10 syllabes)
– **alexandrin** (12 syllabes, césure souvent après la 6e).

La versification

Prononcer le vers

- **-e en fin de mot** : prononcé devant consonne, muet devant voyelle ou *h* muet (ex. : *la Fortun(e) est maîtresse de moi*)
- **diérèse** : deux voyelles qui se suivent prononcées en deux syllabes différentes (ex. : *li-on* = 2 syllabes)
- **synérèse** : deux voyelles qui se suivent prononcées en une syllabe (ex. : *fier* = 1 syllabe)
- pause principale : la **césure** (notée //) ; pauses secondaires : les **coupes** (notées /)

Les rimes

Le genre des rimes
- féminines (se terminent par -e)
- masculines (toutes les autres)

La qualité des rimes
- pauvres (1 son commun)
- suffisantes (2 sons communs)
- riches (3 sons communs ou plus)

La disposition des rimes
- suivies ou plates (AABB)
- croisées (ABAB)
- embrassées (ABBA)

Les effets de rythme

La concordance rythmique
- la fin des vers coïncide avec la ponctuation ou la fin des groupes de mots

Les effets de discordance rythmique
- **enjambement** : phrase étendue sur plusieurs vers sans pause en fin de vers
- **rejet** : un bref élément de la phrase est rejeté au vers suivant
- **contre-rejet** : un bref élément de la phrase est reporté à la fin du vers précédent

Exemple :

Jean Racine, *Athalie*, acte II, scène 5 (1691)

Athalie a usurpé le trône de Juda. En rêve, elle voit le fantôme de sa mère sortir de l'enfer et lui annoncer que Dieu la punira.

ATHALIE. – […]
« Je te plains / de tomber // dans ses mains redoutables,
Ma fille. » / En achevant // ces mots épouvantables,
Son ombre / vers mon lit // a paru / se baisser ;
Et moi, / je lui tendais // les mains / pour l'embrasser.
Mais je n'ai plus trouvé // qu'un horrible mélange
D'os et de chairs meurtris // et traînés dans la fange […].

- ***-e* prononcés** et *-e* muets.
- Vers : alexandrins (12 syllabes, césure // à l'hémistiche).
- Rimes : suivies ; riches ou suffisantes. Les rimes féminines et masculines alternent.
- Le rejet et l'enjambement créent une discordance rythmique.

Les formes poétiques

Les strophes :
– 2 vers : **distique**
– 3 vers : **tercet**
– 4 vers : **quatrain**
– 5 vers : **quintil**
– 6 vers : **sizain**
– 10 vers : **dizain**

Le sonnet

- **poème à forme fixe** d'origine italienne, introduit en France au XVe siècle
- 14 vers répartis en **2 quatrains** et **2 tercets**
- dernier vers = **chute** (*concetto* en italien)
- schéma de rimes :
  – ABBA ABBA CDC **EDE** : sonnet **« à la française »**
  – ABBA ABBA CCD **EED** : sonnet **« à l'italienne »**

Autres formes courantes

Apparues pendant l'Antiquité
- **ode** : à l'origine, chant en plusieurs strophes (souvent 3) ; à partir de la Renaissance, poème lyrique
- **élégie** : à l'origine, poème en vers de longueur inégale, aux sujets variés (amour, deuil...) ; à partir de la Renaissance, exprime la plainte
- **épigramme** : bref poème terminé par un trait d'esprit (la pointe), le plus souvent satirique

Apparues au Moyen Âge
- **rondeau** : 3 strophes avec refrain (1er vers, fin de 2e et 3e strophes)
- **ballade** : 3 strophes avec refrain au dernier vers + 1 strophe plus courte, l'envoi

Apparues à la Renaissance
- **blason** : éloge d'une partie du corps
- **contre-blason** : blason ironique et satirique

Exercices

1 L'identification du mètre

1. Charles d'Orléans, *Rondeaux* (XVe siècle)

Rivière, fontaine et ruisseau
Portent, en livrée jolie,
Gouttes d'argent, d'orfèvrerie,
Chacun s'habille de nouveau :
Le temps a laissé son manteau.

Orthographe modernisée par les auteurs.

➲ Mètre : ....

2. Pierre de Ronsard, *Les Amours* (1552)

Douce beauté meurtrière de ma vie,
En lieu d'un cœur tu portes un rocher.
Tu me fais vif[1] languir et dessécher,
Passionné d'une amoureuse envie.

1. vivant.

Orthographe modernisée par les auteurs.

➲ Mètre : ....

a. Dans chacun de ces extraits, encadrez les *-e* prononcés.

b. Identifiez le mètre employé. Surlignez les diérèses, soulignez les synérèses.

c. Entraînez-vous à lire le texte à voix haute.

2 Les césures et les coupes

1. Georges de Scudéry, *« Pour la même inconstante », Poésies diverses* (1649)

Elle aime, et n'aime plus, et puis elle aime encore,
La volage beauté que je sers constamment :
L'on voit ma fermeté, l'on voit son changement ;
Et nous aurions besoin, elle et moi, d'ellébore[1]. […]

1. plante qui passait pour guérir la folie.

2. Nicolas Boileau, *Art poétique, chant I* (1674)

[…] Enfin Malherbe[1] vint, et, le premier en France,
Fit sentir dans les vers une juste cadence,
D'un mot mis en sa place enseigna le pouvoir,
Et réduisit la muse aux règles du devoir.
Par ce sage écrivain la langue réparée
N'offrit plus rien de rude à l'oreille épurée. […]

1. poète précurseur du classicisme.

a. Déterminez le sujet de chacun de ces extraits.

....
....
....

b. Placez les césures et les coupes. Quel lien faites-vous entre le sujet traité et la structure des vers ?

....
....
....
....

3 La composition d'un sonnet

Joachim du Bellay, *L'Olive, sonnet 31* (1550)

Le grand flambeau gouverneur de l'année[1],
Par la vertu de l'enflammée corne
Du blanc Taureau[2], prés, monts, rivages orne
De mainte fleur du sang des princes née[3].

Puis de son char[1] la roue étant tournée
Vers le quartier prochain du Capricorne[2],
Froid est le vent, la saison nue et morne,
Et toute fleur devient sèche et fanée.

Ainsi, alors que sur moi tu étends,
Ô mon Soleil ! tes clairs rayons épars,
Sentir me fais un gracieux printemps.

Mais tout soudain que de moi tu départs[4],
Je sens en moi venir de toutes parts
Plus d'un hiver, tout en un même temps.

Orthographe modernisée par les auteurs.

1. périphrases désignant le soleil. 2. constellations annonçant respectivement le printemps et l'hiver. 3. fleur de jacinthe, née du sang versé par le roi grec Ajax à sa mort. 4. tu t'éloignes.

a. Déterminez la disposition des rimes. S'agit-il d'un sonnet à l'italienne ou à la française ?

....
....

b. Quelles saisons sont décrites successivement dans les quatrains ? Surlignez les deux champs lexicaux correspondants. Quel mot assure la liaison entre les deux strophes ?

....
....
....
....

c. À qui s'adresse le poète dans les tercets ? Comment ces tercets sont-ils articulés aux quatrains ? Complétez le surlignage des champs lexicaux déjà identifiés des vers 1 à 8.

....
....
....
....
....
....
....
....

d. Sur quelle figure de style la chute du sonnet repose-t-elle ?

....
....
....
....

4 FICHES REPÈRES La littérature d'idées

Le XIXe siècle

L'engagement des écrivains dans le siècle

Entre la Révolution française et la Première Guerre mondiale en 1914, la France a connu sept régimes successifs. Cette période instable bâtit petit à petit la république, chère aux idéaux de 1789.

Combats sociaux

- pour l'abolition de l'esclavage : défense de l'abolitionniste John Brown
- pour l'abolition de la peine de mort : *Le Dernier Jour d'un condamné* (1829)
- pour l'instruction publique : *Claude Gueux* (1834)
- contre les inégalités sociales : *Discours sur la misère* (1849), *Les Misérables* (1862)

André Gill, caricature de Victor Hugo dans le journal *La Petite Lune*, 1878.

Combats politiques

- un romantique engagé en politique, élu de la IIe République
- contre Napoléon III, dit « Napoléon le petit » : *Les Châtiments* (1852)

Victor Hugo, homme de tous les combats

Combats littéraires

- pour l'école romantique : bataille d'*Hernani* (1830)
- contre la censure : procès du *Roi s'amuse* (1832)

Littérature et société

L'essor de la presse

À partir des années 1830, **la presse se développe** et se démocratise, devenant l'organe qui permet d'exposer ses convictions. C'est un pouvoir qui informe, sensibilise et influence l'opinion, mais aussi un espace où les écrivains du XIXe siècle publient leurs créations et font entendre leurs voix.

- Romans-feuilletons d'Honoré de Balzac et d'Alexandre Dumas
- Guy de Maupassant, « La guerre » (1883) : article contre les guerres de colonisation
- Émile Zola, « J'accuse !… » (1898) : lettre ouverte sur l'affaire Dreyfus

Les récits miroirs de la société

En réaction aux emportements du Romantisme, le Réalisme puis le Naturalisme sont deux mouvements qui s'attachent à peindre le réel, à comprendre les mécanismes de la société et les lois du comportement humain. Leurs auteurs peuvent aussi reprendre **le genre de l'apologue** pour exprimer leurs opinions.

- Émile Zola, *Une cage de bêtes féroces* (1867)

Le XXe siècle

Dire le chaos et l'absurdité du monde

Le développement des médias (presse, radio et télévision) offre plus que jamais une tribune où s'élèvent les voix des artistes, penseurs et philosophes. Ils réagissent ainsi aux conflits mondiaux du XXe siècle et aux horreurs perpétrées par les régimes politiques (fascismes, génocides…).

Les 6 et 9 août 1945, l'armée américaine largue sur les villes japonaises d'Hiroshima et Nagazaki deux bombes atomiques qui déciment les populations.

Dans son éditorial du journal *Combat*, Albert Camus dénonce cet acte avec ironie et indignation : « On nous apprend, en effet, au milieu d'une foule de commentaires enthousiastes que n'importe quelle ville d'importance moyenne peut être totalement rasée par une bombe de la grosseur d'un ballon de football. » Jean-Paul Sartre, dans la revue *Les Temps modernes*, écrit : « Chaque matin nous serons à la veille de la fin des temps. »

> « Le rôle de l'écrivain, du même coup, ne se sépare pas de devoirs difficiles. Par définition, il ne peut se mettre aujourd'hui au service de ceux qui font l'histoire : il est au service de ceux qui la subissent »
> Albert Camus, *Discours de Suède*

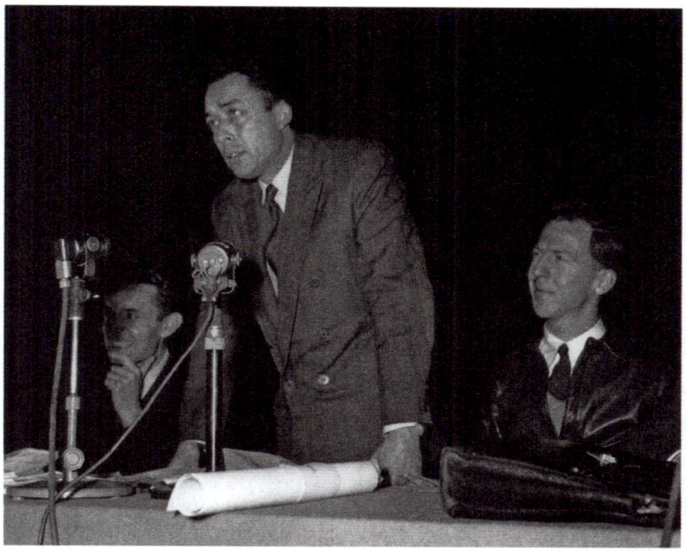

Albert Camus et Garry Davis dans un meeting salle Pleyel en décembre 1948.

➡ Penser le progrès

Le siècle est marqué par **d'incroyables progrès scientifiques et technologiques** (médecine, transports, communication...). La littérature d'idées oscille entre l'optimisme et la méfiance. **Le récit de science-fiction et d'anticipation** connaît un essor sans précédent et témoigne de ces nouvelles questions. Ex. : Pierre Boulle, *La Planète des singes* (1963), Philip K. Dick, *Les androïdes rêvent-ils de moutons électriques ?* (1966).

➡ Faire entendre des voix singulières

Les formes d'expression personnelle permettent aux auteurs de faire entendre des voix singulières, qui témoignent de leur pensée et de leur vécu. Le lecteur peut ainsi appréhender la différence, aller à la rencontre de l'autre, mais aussi réfléchir sur le sens de l'histoire.

- **Journal** : Anne Frank, *Journal* (1947).
- **Essai** : Claude Lévi-Strauss, *Tristes tropiques* (1955).
- **Mémoires** : Charles de Gaulle, *Mémoires de guerre* (1959), *Mémoires d'espoir* (1970).
- **Autobiographie, autofiction (autobiographie romancée)** : Simone de Beauvoir, *Mémoires d'une jeune fille rangée* (1958), Marguerite Duras, *La Douleur* (1985), Azouz Begag, *Le Gone du Chaâba* (1986).

La **chanson engagée** devient aussi une forme d'expression privilégiée des idées. Dans *Le Déserteur* (1954), Boris Vian affirme dans une **lettre ouverte** au président de la République son pacifisme et son refus de la guerre.

Le XXIe siècle

(Re)penser l'humanité pour demain

Des libertés et des droits pour tous

- la littérature et les arts (cinéma, musique...) reflètent les enjeux sociaux actuels
- lutte contre toutes les discriminations : sur l'origine, le genre, l'orientation sexuelle...
- défense d'un idéal : la justice pour tous

La révolution numérique

- entrée dans l'ère numérique, développement des réseaux sociaux
- nouvelles formes d'expression et de diffusion des idées
- libération et propagation d'une parole individuelle, immédiate
- apparition de nouvelles questions éthiques. Ex. : Michel Serres, *Petite Poucette* (2012, essai)

L'environnement en question

- nécessité de repenser le rapport de l'homme à la nature. Ex. : Sylvain Tesson, *Dans les forêts de Sibérie* (2011, journal)
- urgence climatique et préservation de la planète. Ex. : discours de Greta Thunberg à l'ONU (2019)
- enjeux incontournables dans le débat d'idées en ce début de siècle

Le devoir de mémoire

- témoignages sur les drames et les tragédies de l'histoire. Ex. : Claude Lanzmann, *Le Lièvre de Patagonie* (2009, autobiographie)
- refus de reproduire les horreurs et erreurs du passé
- tentative de refondation des valeurs humanistes. Ex. : Stéphane Hessel, *Indignez-vous !* (2010, manifeste)

Les outils d'analyse de la littérature d'idées

Les genres de l'argumentation

Directe

- **article** : texte court, informatif, exprime un jugement. Ex. : Gustave Flaubert, *Dictionnaire des idées reçues* (posth., 1910)
- **dialogue d'idées** : échange de répliques, conduit à l'affirmation d'une thèse. Ex. : Tahar Ben Jelloun, *Le Racisme expliqué à ma fille* (1998)
- **discours** : lu ou prononcé, cherche à faire réagir par des effets oratoires. Ex. : Victor Hugo, *Discours sur la misère* (1848)
- **essai** : de forme libre, confronte des points de vue. Ex. : Albert Camus, *Le Mythe de Sisyphe* (1942)
- **lettre ouverte** : publiée dans un journal, énonce des idées sur un ton polémique. Ex. : Émile Zola, « J'accuse... ! » (1898)
- **manifeste** : expose un programme (littéraire, artistique, politique). Ex. : André Breton, *Manifeste du surréalisme* (1924)
- **maxime** : énonce une vérité universelle avec concision. Ex. : J.-W. von Goethe, *Maximes et réflexions* (1842)
- **pamphlet** : bref et satirique, s'attaque à une personne, un groupe, une institution. Ex. : Victor Hugo, *Napoléon le Petit* (1852)
- **pensées** : réflexions brèves sur une question morale. Ex. : Alain, *Propos sur le bonheur* (1925)
- **préface** : placé avant une œuvre littéraire, la présente et la défend. Ex. : Victor Hugo, préface du *Dernier Jour d'un condamné* (1832)
- **traité** : explique un sujet précis de façon didactique. Ex. : Honoré de Balzac, *Traité de la vie élégante* (1830)

Indirecte

- **apologue** : récit fictif, illustrant une leçon explicite ou non (fable, conte merveilleux, conte philosophique, parabole). Ex. : George Orwell, *La Ferme des animaux* (1945)
- **utopie** : description d'une société idéale pour dénoncer la société existante. Ex. : Jules Verne, *Les Cinq Cent Millions de la Bégum* (1879)
- **dystopie** : description d'une société cauchemardesque pour dénoncer les dérives de la société existante. Ex. : George Orwell, *1984* (1950)
- **satire** : tourne en dérision les vices des hommes de son temps. Ex. : Eugène Labiche, *Le Voyage de M. Perrichon*, satire du bourgeois (1895)
- **roman ou nouvelle à thèse** : récit exposant les idées de son auteur. Ex. : Albert Camus, *La Peste* (1947)
- **théâtre d'idées** : pièce de théâtre où des personnages représentant plusieurs thèses s'affrontent. Ex. : Jean-Paul Sartre, *Huis clos* (1944)
- **poésie engagée** : poème qui révèle l'engagement du poète. Ex. : Paul Éluard, « Liberté » (1921)

Les types d'arguments

Logique

- sollicite l'intelligence du destinataire, s'appuie sur une relation logique (cause, conséquence, opposition, adjonction). Ex. : « Loin d'édifier le peuple, [la peine de mort] le démoralise et ruine en lui toute sensibilité, partant toute vertu » (V. Hugo)

Affectif

- persuade le destinataire en jouant sur ses émotions. Ex. : « on a trouvé une mère et ses quatre enfants qui cherchaient leur nourriture dans les débris immondes et pestilentiels des charniers de Montfaucon ! » (V. Hugo)

D'expérience

- s'appuie sur des faits réels (expérience vécue, histoire, actualité). Ex. : « Il n'a jamais, jamais été établi une corrélation quelconque entre la présence ou l'absence de la peine de mort dans une législation pénale et la courbe de la criminalité sanglante » (R. Badinter)

D'autorité

- s'appuie sur la renommée d'une personne, d'un texte, ou sur des valeurs universelles. Ex. : « Comment, dans cette enceinte, ne pas penser à Gambetta, à Clemenceau et surtout au grand Jaurès ? [...] Tous ont soutenu la cause de l'abolition » (R. Badinter)

Ad hominem

- discrédite l'adversaire en s'attaquant à sa personne plutôt qu'à ses idées. Ex. : « Comment peut-on lire ce que Jean-Jacques Rousseau peut écrire sur l'éducation des enfants alors qu'il a abandonné les siens ? » (A. Schopenhauer)

Alternative

- limite le choix à deux positions extrêmes. Ex. : « Ou notre société refuse une justice qui tue [...] ; ou cette société croit, en dépit de l'expérience des siècles, faire disparaître le crime avec le criminel » (R. Badinter)

Exercices

1 Repérer des arguments

Jean Rostand, préface au livre d'Édouard Bonnefous, *Sauver l'humain* (1976)

Et d'abord, en défendant la nature, l'homme défend l'homme : il satisfait à l'instinct de conservation de l'espèce. Les innombrables agressions dont il se rend coupable envers le milieu naturel – envers « l'environnement », comme on prend coutume de dire – ne vont pas sans avoir des conséquences funestes pour sa santé et pour l'intégrité de son patrimoine héréditaire. Protéger la nature, c'est donc, en premier lieu, accomplir une tâche d'hygiène planétaire.
Mais il y a, en outre, le point de vue, plus intellectuel mais fort estimable, des biologistes, qui, soucieux de la nature pour elle-même, n'admettent pas que tant d'espèces vivantes – irremplaçable objet d'étude – s'effacent de la faune et de la flore terrestres, et qu'ainsi, peu à peu, s'appauvrisse, par la faute de l'homme, le somptueux et fascinant Musée que la planète offrait à nos curiosités.
Enfin, il y a ceux-là – et ce sont les artistes, les poètes, et donc un peu tout le monde – qui, simples amoureux de la nature, entendent la conserver parce qu'ils y voient un décor vivant et vivifiant, un lien maintenu avec la plénitude originelle, un refuge de paix et de vérité – « l'asile vert cherché par tous les cœurs déçus » (Edmond Rostand) – parce que, dans un monde envahi par la pierraille et la ferraille, ils prennent le parti de l'arbre contre le béton, et ne se résignent pas à voir les printemps devenir silencieux…

a. Quel est le thème abordé ? Quelle thèse est défendue par l'auteur ?

b. Quels arguments développe-t-il pour appuyer sa thèse ? Répondez en les soulignant dans le texte.

2 Commenter un texte d'argumentation directe

George Sand, *Lettre aux membres du comité central* (1848)

Alors que les femmes ne peuvent pas voter, un comité féministe veut présenter symboliquement George Sand aux élections. Elle refuse et s'en explique dans cette lettre.

Les femmes doivent-elles participer un jour à la vie politique ? Oui, un jour, je le crois avec vous, mais ce jour est-il proche ? Non, je ne le crois pas, et pour que la condition des femmes soit ainsi transformée, il faut que la société soit transformée radicalement. […]
La femme étant sous la tutelle et dans la dépendance de l'homme par le mariage, il est absolument impossible qu'elle présente des garanties d'indépendance politique, à moins de briser individuellement et au mépris des lois et des mœurs, cette tutelle que les mœurs et les lois consacrent.

a. Repérez deux arguments logiques. Identifiez la relation logique sur laquelle ils s'appuient.

b. Observez la ponctuation. Comment Sand implique-t-elle son destinataire ?

3 Commenter un texte d'argumentation indirecte

Annie Ernaux, *La Femme gelée* (1981)

Ce récit autobiographique évoque la vie d'une femme mariée.

Mais oui, il m'encourage, il souhaite que je réussisse au concours de prof, que je me « réalise » comme lui. Dans la conversation, c'est toujours le discours de l'égalité […]. Il n'a pas la naïveté de croire que le lavage de ses chaussettes me comble de bonheur, il me dit et me répète qu'il a horreur des femmes popotes. Intellectuellement, il est pour ma liberté, il établit des plans d'organisation pour les courses, l'aspirateur, comment me plaindrais-je. Comment lui en voudrais-je aussi quand il prend son air contrit d'enfant bien élevé, le doigt sur la bouche, pour rire, « ma pitchoune, j'ai oublié d'essuyer la vaisselle… » tous les conflits se rapetissent et s'engluent dans la gentillesse du début de la vie commune, dans cette parole enfantine qui nous a curieusement saisis, de ma poule à petit coco, et nous dodine tendrement, innocemment.

a. Que dénonce ce texte, implicitement ?

b. En vous appuyant sur cet extrait, expliquez l'intérêt de recourir à l'argumentation indirecte.

5 La tonalité comique

Définition

- Cherche à provoquer l'amusement, en créant un écart surprenant, un décalage ridicule ou absurde entre une situation et ce qui est normalement attendu.
- Plusieurs types de comiques : de situation, de gestes, de caractère, de mots, de répétition.

Exemple : Molière, *L'Avare*.

Effets

- Cherche à faire rire ou sourire le lecteur.
- Peut porter une critique de la société.

Exemple : Marivaux, *L'Île des esclaves*.

Procédés

- Quiproquo, retournement de situation, effet « boule de neige » (actes aux conséquences de plus en plus grandes).
- Coups, grimaces, courses-poursuites, etc.
- Personnages au comportement caricatural.
- Jeux de mots, hyperboles, jargon et patois, comique de répétition.

Exemples : comique de gestes, de situation : dans *Les Fourberies de Scapin* de Molière, Scapin bat son propre maître caché dans un sac ; comique de répétition : dans la même pièce, Géronte répète : « Que diable allait-il faire dans cette galère ! » pour exprimer son désespoir ; comique de mots : « ARLEQUIN. – [...] il m'appelle quelquefois Arlequin, quelquefois Hé » (Marivaux).

Exercices

1 Qu'est-ce qui rend ces extraits comiques ?

1. Yasmina Reza, *Art* (1994)

MARC. – Serge, tu n'as pas acheté ce tableau deux cent mille francs ?
SERGE. – Mais mon vieux, c'est le prix. C'est un ANTRIOS !
MARC. – Tu n'as pas acheté ce tableau deux cent mille francs !
SERGE. – J'étais sûr que tu passerais à côté.
MARC. – Tu as acheté cette merde deux cent mille francs ?!

2. Daniel Picouly, *Le Champ de personne* (1995)

J'en étais certain ! Les effroyables homophones ont débarqué ! [...] À la moindre dictée, ils prennent le sentier de la guerre et sautent sur mon pupitre. Ils sont tous là : les On-ont-n'ont, peuplade dégénérée de sourds-muets cruels, les C'est-s'est-ces, fiers et dominateurs, les T'en-tant-tends-temps, farouches guerriers de l'ombre, les Qu'en-quand-quant, cancaniers fourbes à bec de canard et les La-là-las, groupe pacifique hilare qui fume le calumet et fabrique ses instruments de musique avec des carapaces de tortues marines...

2 Lisez ce texte et répondez aux questions.

Molière, *Le Malade imaginaire, acte III, scène 10* (1673)

Toinette, servante d'Argan, s'est déguisée en médecin.

TOINETTE. – Ce sont tous des ignorants, c'est du poumon que vous êtes malade.
ARGAN. – Du poumon ?
TOINETTE. – Oui. Que sentez-vous ?
ARGAN. – Je sens de temps en temps des douleurs de tête.
TOINETTE. – Justement, le poumon.
ARGAN. – Il me semble parfois que j'ai un voile devant les yeux.
TOINETTE. – Le poumon.
ARGAN. – J'ai quelquefois des maux de cœur.
TOINETTE. – Le poumon.
ARGAN. – Je sens parfois des lassitudes par tous les membres.
TOINETTE. – Le poumon.
ARGAN. – Et quelquefois il me prend des douleurs dans le ventre, comme si c'était des coliques.
TOINETTE. – Le poumon. Vous avez appétit à ce que vous mangez ?
ARGAN. – Oui, Monsieur.
TOINETTE. – Le poumon. Vous aimez à boire un peu de vin ?
ARGAN. – Oui, Monsieur.
TOINETTE. – Le poumon. Il vous prend un petit sommeil après le repas, et vous êtes bien aise de dormir ?
ARGAN. – Oui, Monsieur.
TOINETTE. – Le poumon, le poumon, vous dis-je.

a. Qu'est-ce qui rend la scène comique ?

b. De quoi cette scène comique fait-elle la critique ?

La tonalité satirique

6

Définition

- Dénonce un défaut, critique une personne ou une catégorie de personnes.
- Emploie des exagérations, utilise la caricature.

Exemple : Molière, *Le Tartuffe* : satire des faux dévots.

Effets

- Suscite le rire, la moquerie.
- Provoque le rejet, l'indignation, le blâme.

Exemple : Victor Hugo, *Les Châtiments* : satire de Napoléon III.

Procédés

- Lexique péjoratif.
- Exagérations : hyperboles, accumulations.
- Ironie : antiphrases.
- Parodie : imitation d'une œuvre, d'un discours.
- Pastiche : imitation du style d'un auteur.

Exemple : « Lily, la charmante, ce page aux cheveux courts et frisés, impose à ses amants, dès la première nuit, la nudité de son crâne bossué d'escargots marron, l'escargot gras et immonde du bigoudi ! » (Colette, *Les Vrilles de la vigne*).

Exercices

1 Lisez le texte et répondez aux questions ci-dessous.

Molière, *Le Misanthrope*, acte II, scène 4 (1666)

Célimène, devant un cercle d'amis, dresse le portrait de certaines de leurs connaissances. Elle effectue celui de Timante.

CÉLIMÈNE. – C'est de la tête aux pieds un homme tout mystère,
Qui vous jette en passant un coup d'œil égaré,
Et, sans aucune affaire, est toujours affairé.
Tout ce qu'il vous débite en grimaces abonde ;
À force de façons il assomme le monde ;
Sans cesse, il a, tout bas, pour rompre l'entretien,
Un secret à vous dire, et ce secret n'est rien.

a. Quel est le défaut dénoncé ici ? Justifiez votre réponse en citant le lexique et les images.

....

....

....

....

....

....

b. Comment le texte suscite-t-il la moquerie ? Relevez les procédés utilisés.

....

....

....

....

....

....

....

....

....

2 Lisez le texte et répondez aux questions ci-dessous.

Nathalie Sarraute, *Tropismes* (1939)

Dans l'après-midi elles sortaient ensemble, menaient la vie des femmes. Ah ! cette vie était extraordinaire ! Elles allaient dans des « thés », elles mangeaient des gâteaux qu'elles choisissaient délicatement, d'un petit air gourmand : éclairs au chocolat, babas et tartes.
Tout autour c'était une volière pépiante, chaude et gaiement éclairée et ornée. Elles restaient là, assises, serrées autour de leurs petites tables et parlaient.
Il y avait autour d'elles un courant d'excitation, d'animation, une légère inquiétude pleine de joie, le souvenir d'un choix difficile, dont on doutait encore un peu (se combinerait-il avec l'ensemble bleu et gris ? mais si pourtant, il serait admirable) […].

a. Dans les phrases et les mots soulignés, identifiez les procédés stylistiques.

....

....

....

b. Qui énonce les paroles entre parenthèses ? Comment renforcent-elles la tonalité satirique ?

....

....

....

....

....

c. De quel trait de caractère l'auteur fait-il la satire ?

....

....

....

....

7 Les tonalités lyrique et élégiaque

Définitions

- La tonalité lyrique exprime de façon musicale des sentiments personnels.
- La tonalité élégiaque exprime la plainte, la douleur, la nostalgie, souvent à l'occasion d'un deuil, d'un exil.

Exemples : lyrique : H. de Balzac, *Le Lys dans la vallée* ; élégiaque : P. de Ronsard, « Ode à Cassandre ».

Effets

- Suscite l'émotion.
- La tonalité élégiaque peut davantage provoquer la tristesse.

Exemples : lyrique : Colette, *Les Vrilles de la vigne* ; élégiaque : Rutebeuf, « Que sont mes amis devenus ? ».

Procédés

- Lexique des sentiments (amour, nostalgie...) et des émotions (joie, tristesse...).
- Marques de la 1re personne (« je », « moi », « notre », etc.).
- Phrases interrogatives, exclamations, interjections (« ah ! ô ! »).
- Apostrophes (« ô belle heure de l'été », « mon amour »...).
- Assonances (répétitions de sons-voyelles) et allitérations (répétitions de sons-consonnes).
- Répétitions et anaphores qui rythment les phrases.

Exemples : lyrique : « Femme nue, femme noire/ Vêtue de ta couleur qui est vie, de ta forme qui est beauté ! » (L. Sédar Senghor, « Femme noire ») ; élégiaque : « Et rose elle a vécu ce que vivent les roses :/ L'espace d'un matin » (F. de Malherbe, « Consolation à Du Périer »)

Exercices

1 Observez les éléments surlignés dans l'extrait suivant et justifiez les grandes caractéristiques rattachant ce texte à la tonalité lyrique par un relevé précis (faits de langue, citations...).

Germain Nouveau, « Le Baiser », *Valentines* (1885)

Comme une ville qui s'allume
Et que le vent vient d'embraser,
Tout mon cœur brûle et se consume,
J'ai soif, oh ! j'ai soif d'un baiser.

Baiser de la bouche et des lèvres
Où notre amour vient se poser,
Plein de délices et de fièvres,
Ah ! j'ai soif, j'ai soif d'un baiser !

Baiser multiplié que l'homme
Ne pourra jamais épuiser,
Ô toi, que tout mon être nomme,
J'ai soif, oui, j'ai soif d'un baiser.

- L'intensité des sentiments
  - Comparaison : ....
  - Figure d'opposition : ....
- Un « je » expressif ....
- Une émotion universelle ....

2 **a.** Précisez la tonalité de chacun de ces extraits.
b. Justifiez votre réponse en surlignant et nommant les procédés identifiés.

1. Seul, inconnu, le dos courbé, les mains croisées,
Triste, et le jour pour moi sera comme la nuit **(V. Hugo)**.

- Tonalité : .... - Procédés : ....

2. Vivez si m'en croyez, n'attendez à demain,
Cueillez dès aujourd'hui les roses de la vie **(P. de Ronsard)**.

- Tonalité : .... - Procédés : ....

La tonalité pathétique

8

Définition

- Cherche à apitoyer le lecteur devant les souffrances d'autrui.
- À la différence du tragique, ménage un suspense : la situation des personnages peut encore s'améliorer.

Exemples : Guy de Maupassant, *La Parure*.

Effet

- Fait naître la compassion, la pitié.

Exemples : Victor Hugo, « Melancholia ».

Procédés

- Points de suspension, phrases exclamatives.
- Questions rhétoriques.
- Apostrophes.
- Hyperboles, comparaisons, métaphores qui insistent sur la souffrance.

Exemple : « Qu'importait au monde qu'Ourika vécût ? Pourquoi était-elle condamnée à la vie ? C'était donc pour vivre seule, toujours seule ; jamais aimée ! » (C. de Duras, *Ourika*).

Exercices

1 Observez les éléments surlignés dans l'extrait suivant et justifiez les grandes caractéristiques rattachant ce texte à la tonalité pathétique par un relevé précis (faits de langue, citations...).

Victor Hugo, *Les Misérables* (1862)

Cosette était maigre et blême. Elle avait près de huit ans, on lui en eût donné à peine six. Ses grands yeux enfoncés dans une sorte d'ombre profonde étaient presque éteints à force d'avoir pleuré. Les coins de sa bouche avaient cette courbe de l'angoisse habituelle, qu'on observe chez les condamnés et chez les malades désespérés. Ses mains étaient, comme sa mère l'avait deviné, « perdues d'engelures ». Le feu qui l'éclairait en ce moment faisait saillir les angles de ses os et rendait sa maigreur affreusement visible. [...] Le creux de ses clavicules était à faire pleurer. Toute la personne de cette enfant, son attitude, le son de sa voix, ses intervalles entre un mot et l'autre, son regard, son silence, son moindre geste, exprimaient et traduisaient une seule idée : la crainte.

Une souffrance physique et morale

- Lexique : ....

....

....

....

- Accumulation : ....

....

....

Un narrateur pris de pitié

- Statut du narrateur : ....

....

- Comparaison : ....

....

....

....

- Modalisateurs : ....

....

....

....

2 **a.** Soulignez les mots appartenant au champ lexical de la souffrance. Commentez le contraste entre Hermione et Pyrrhus.

Jean Racine, *Andromaque, acte V, scène 1* (1667)

Hermione a été abandonnée par Pyrrhus, dont elle est amoureuse.

Hermione. – Où suis-je ? Qu'ai-je fait ? Que dois-je faire [encore ?
Quel transport me saisit ? Quel chagrin me dévore ?
Errante et sans dessein je cours dans ce palais.
Ah ! ne puis-je savoir si j'aime ou si je hais ?
Le cruel ! de quel œil il m'a congédiée !
Sans pitié, sans douleur au moins étudiée !
L'ai-je vu se troubler et me plaindre un moment ?
En ai-je pu tirer un seul gémissement ?
Muet à mes soupirs, tranquille à mes alarmes,
Semblait-il seulement qu'il eût part à mes larmes ?
Et je le plains encore ! Et pour comble d'ennui,
Mon cœur, mon lâche cœur s'intéresse pour lui !

....

....

b. Quels types de phrases dominent dans cet extrait ? Qu'expriment-ils ?

....

....

....

....

c. Relevez les autres procédés qui expriment la plainte.

- Interjection : ....

....

- Métaphore : ....
- Gradation et rythme ternaire :

....

9 La tonalité tragique

Définition

- Montre des personnages aux prises avec un destin inéluctable, voués à la souffrance, voire à la mort.
- À la différence du pathétique, pas de doute sur le sort des personnages (notion de fatalité au cœur du tragique).

Exemple : dans *Horace* de P. Corneille, Sabine est en proie à un dilemme : soutenir soit son frère soit l'homme qu'elle aime, qui vont se battre.

Effet

- Provoque la terreur et la pitié.

Exemple : dans *Phèdre* de J. Racine, l'héroïne émeut par son déchirement entre désir interdit et culpabilité.

Procédés

- Lexique de la fatalité, du destin, de la malédiction.
- Dans la tragédie classique, registre de langue soutenu.
- Procédés de la tonalité pathétique : exclamations, questions rhétoriques, apostrophes, hyperboles, comparaisons et métaphores insistant sur la souffrance.

Exemple : « Triste destin des rois ! Esclaves que nous sommes,/ Et des rigueurs du sort et des discours des hommes » (J. Racine, *Iphigénie*).

Exercices

1 Observez les éléments surlignés dans l'extrait suivant et justifiez les grandes caractéristiques rattachant ce texte à la tonalité tragique par un relevé précis (faits de langue, citations…).

Sophocle, *Antigone* (Ve siècle av. J.-C.)

Antigone est condamnée à mort pour avoir enterré son frère Polynice, contre les lois de la cité.

ANTIGONE. – Ô tombeau, chambre nuptiale ! retraite souterraine, ma prison à jamais ! en m'en allant vers vous, je m'en vais vers les miens, qui déjà morts pour la plupart, sont les hôtes de Perséphone[1], et vers qui je descends, la dernière de toutes et la plus misérable, avant d'avoir usé jusqu'à son dernier terme ma portion de vie.

[…] Allons ! À quoi bon, malheureuse, porter mes regards vers les dieux ? je n'ai point d'allié à qui faire appel : ma pitié m'a valu le renom d'une impie. Eh bien soit ! si c'est cela vraiment qui est beau chez les dieux, je veux bien, la peine soufferte, reconnaître mon erreur. Mais, si l'erreur est des autres, je ne leur souhaite qu'une chose : qu'ils ne souffrent pas de peine plus lourde que celle qu'ils m'infligent aujourd'hui, à moi-même, contre toute équité !

1. déesse des morts.

Trad. P. Mazon. © Les Belles Lettres.

La fatalité de la mort

- Champ lexical : ………………………………………
- Figures d'opposition : ………………………………………

L'expression d'une souffrance injuste

- Types de phrases : ………………………………………
- Personnes verbales : ………………………………………
- Champ lexical : ………………………………………

2 Parmi ces deux textes, lequel est tragique ? Justifiez votre réponse.

1. Pardonnez, si j'achève en peu de mots un récit qui me tue. Je vous raconte un malheur qui n'eut jamais d'exemple. Toute ma vie est destinée à le pleurer. Mais, quoique je le porte sans cesse dans ma mémoire, mon âme semble reculer d'horreur, chaque fois que j'entreprends de l'exprimer (**Abbé Prévost**).

2. PHÈDRE. – Tu vas ouïr le comble des horreurs… J'aime… À ce nom fatal, je tremble, je frissonne. J'aime… (**Jean Racine**).

………………………………………

3 **Écriture :** un matin, au réveil, vous ne trouvez plus l'objet dont vous ne vous séparez jamais. Sur une feuille à part, imaginez un monologue tragique en vous inspirant du style et des procédés d'écriture de cette tonalité.

La tonalité épique

10

Définition

- Dépeint des exploits guerriers ou des phénomènes extraordinaires.
- Des forces surhumaines (dieux, destin, éléments déchaînés, etc.) interviennent souvent dans le récit.

Exemple : Homère, *Iliade*.

Effet

- Cherche à impressionner le lecteur.

Exemple : L. Gaudé, *Ouragan* : les éléments semblent dépasser de loin les hommes.

Procédés

- Lexique du combat.
- Antithèses qui opposent le héros et son adversaire.
- Procédés d'amplification : superlatifs, hyperboles, accumulations, etc.
- Comparaisons, métaphores, personnifications qui insistent sur le caractère surhumain, démesuré des personnages et de leurs gestes.

Exemple : « Nous les pressons sur l'eau, nous les pressons sur terre/ Et nous faisons courir des ruisseaux de leur sang » (P. Corneille, *Le Cid*).

Exercices

1 Observez les éléments surlignés dans l'extrait suivant et justifiez les grandes caractéristiques rattachant ce texte à la tonalité épique par un relevé précis (faits de langue, citations…).

Émile Zola, *Germinal* (1885)

Les femmes avaient paru, près d'un millier de femmes […]. Quelques-unes tenaient leur petit entre les bras, le soulevaient, l'agitaient, ainsi qu'un drapeau de deuil et de vengeance. D'autres, plus jeunes, avec des gorges gonflées de guerrières, brandissaient des bâtons […]. Et les hommes déboulèrent ensuite, deux mille furieux, des galibots, des haveurs, des raccommodeurs[1], une masse compacte qui roulait d'un seul bloc, serrée, confondue […]. Les yeux brûlaient, on voyait seulement les trous des bouches noires, chantant *La Marseillaise*, dont les strophes se perdaient en un mugissement confus, accompagné par le claquement des sabots sur la terre dure.

1. travailleurs des mines.

Une marée humaine

- Termes génériques et nombres : ……………………………………

……………………………………

……………………………………

- Rythme des phrases : ……………………………………

……………………………………

……………………………………

Une scène de lutte

- Champ lexical : ……………………………………

……………………………………

……………………………………

- Images : ……………………………………

……………………………………

……………………………………

……………………………………

Un spectacle visuel et sonore

- Couleurs : ……………………………………

……………………………………

- Sensations auditives : ……………………………………

……………………………………

……………………………………

2 **a.** Soulignez les métaphores et expressions qui font de Zidane un être exceptionnel.

Patrick Dessault, « Zidane roi des rois » (1998)

Le meneur de jeu des Bleus est béni des dieux. Les présents qu'ils ont déposés à ses pieds ont fait le bonheur du football français. Le numéro 10 tricolore, qui n'avait pas inscrit le moindre but en Coupe du monde, a attendu la finale pour en marquer deux, de la tête, en une mi-temps ! Zinedine est grand, et Zidane davantage. Dimanche, dans la nuit naissante d'un jour pas comme les autres, Zinedine est redevenu Zidane. Ce funambule du jeu virtuel, cet artiste du cuir, cet alchimiste du ballon qui a éclipsé le plus grand Brésilien venu. Ronaldo n'a pas fait le poids. Ni lui ni aucun autre de ses compatriotes. « ZZ », comme il a l'habitude de signer chacun de ses crimes qui n'en sont pas aux yeux du monde, l'homme aux semelles de vent, léger comme l'air, a pris cette partie sous le bras et s'en est allé avec elle jusqu'à la fin. Le visage déterminé, les joues ravagées par tant d'efforts, de déceptions et d'incertitudes, […] il a regardé la France bien en face et nous a emmenés avec lui, sur son nuage de bonheur intense.

b. Relevez les procédés caractéristiques de la tonalité épique.

……………………………………

……………………………………

……………………………………

……………………………………

……………………………………

11 La tonalité polémique

Définition

- Attaque ou défend avec force une personne, un groupe, une institution, une idée, une thèse.

Exemple : V. Hugo, *Discours contre la misère*.

Effet

- Provoque l'indignation.

Exemple : É. Zola, « J'accuse !... ».

Procédés

- Lexique de la révolte, vocabulaire péjoratif.
- Phrases exclamatives et questions rhétoriques (qui n'appellent pas de réponse), apostrophes.
- Phrases rythmées, souvent par des anaphores.
- Antithèses.

Exemple : « Révoltons-nous contre l'ignorance, l'indifférence, la cruauté, qui d'ailleurs ne s'exercent si souvent contre l'homme que parce qu'elles se sont fait la main sur les bêtes » (M. Yourcenar, « Qui sait si l'âme des bêtes va en bas ? »).

Exercices

1 Observez les éléments surlignés dans l'extrait suivant et justifiez les grandes caractéristiques rattachant ce texte à la tonalité polémique par un relevé précis (faits de langue, citations...).

Guy de Maupassant, « La Guerre », journal *Gil Blas* (1883)

Maupassant fustige la politique de guerre de la France contre la Chine.

Quand j'entends prononcer ce mot : la guerre, il me vient un effarement comme si on me parlait de sorcellerie, d'inquisition, d'une chose lointaine, finie, abominable, monstrueuse, contre-nature.

Quand on parle d'anthropophages, nous sourions avec orgueil en proclamant notre supériorité sur ces sauvages. Quels sont les sauvages, les vrais sauvages ? Ceux qui se battent pour manger les vaincus ou ceux qui se battent pour tuer, rien que pour tuer ? Une ville chinoise nous fait envie : nous allons pour la prendre massacrer cinquante mille Chinois et faire égorger dix mille Français. Cette ville ne nous servira à rien. Il n'y a là qu'une question d'honneur national. Donc l'honneur national (singulier honneur !) qui nous pousse à prendre une cité qui ne nous appartient pas, l'honneur national qui se trouve satisfait par le vol, par le vol d'une ville, le sera davantage encore par la mort de cinquante mille Chinois et de dix mille Français.

L'expression du rejet

- Rythme des phrases : ....

....

....

- Lexique : ....

....

....

....

Un texte qui prend à parti le lecteur

- Ironie : ....

....

....

....

- Ponctuation : ....

....

....

....

Une dénonciation forte

- Nombres : ....

....

....

....

- Figures d'opposition : ....

....

....

....

....

....

2 **Écriture :** sur une feuille à part, imaginez un discours polémique sur une injustice qui vous révolte, en vous inspirant du style et des procédés d'écriture de cette tonalité.

La tonalité fantastique 12

Définition

- Montre l'irruption du surnaturel dans un univers réaliste.
- Provoque l'hésitation entre une interprétation rationnelle et surnaturelle des faits.

Exemple : T. Gautier, *La Cafetière*.

Effet

- Suscite le doute et parfois la peur.

Exemple : E. A. Poe, *La Chute de la maison Usher*.

Procédés

- Effets de réel pour permettre l'interprétation rationnelle et rendre plus crédible : précision des détails, recherche d'authenticité.
- Lexique de l'étrange pour permettre l'interprétation irrationnelle.
- Marques du doute : lexique du trouble, modalisateurs (« il semblait », « je croyais », etc.) ; souvent récit à la 1re personne et focalisation interne.

Exemple : « Alors une étrange sensation s'empara de moi. C'était une terreur frissonnante qui courait par tout mon corps, et le glaçait ; puis, avec cette terreur, quelque chose comme un sommeil invincible qui alourdissait mes sens » (A. Dumas).

Exercices

1 Observez les éléments surlignés dans l'extrait suivant et justifiez les grandes caractéristiques rattachant ce texte à la tonalité fantastique par un relevé précis (faits de langue, citations...).

Guy de Maupassant, *Le Horla* (1887)

Le narrateur s'endort dans une pièce fermée, une carafe d'eau pleine sur sa table de nuit.

[J]'eus soif de nouveau ; j'allumai une bougie et j'allai vers la table où était posée ma carafe. Je la soulevai en la penchant sur mon verre ; rien ne coula. – Elle était vide ! Elle était vide complètement ! D'abord, je n'y compris rien ; puis, tout à coup, je ressentis une émotion si terrible, que je dus m'asseoir, ou plutôt, que je tombai sur une chaise ! puis, je me redressai d'un saut pour regarder autour de moi ! puis je me rassis, éperdu d'étonnement et de peur, devant le cristal transparent ! Je le contemplais avec des yeux fixes, cherchant à deviner. Mes mains tremblaient ! On avait donc bu cette eau ? Qui ? Moi ? moi, sans doute ? Ce ne pouvait être que moi ?

- Des phénomènes étranges

....

....

....

....

....

- Un personnage en proie à l'angoisse

....

....

....

....

....

....

....

- Raison et folie

....

....

....

....

....

2 Les textes suivants ont-ils une tonalité fantastique ? Justifiez votre point de vue.

1. Anton Tchekhov, *Le Miroir déformant* (1883)

Ma femme s'approcha du miroir d'un pas hésitant et y jeta un regard ; et aussitôt, il se passa quelque chose d'effroyable. Elle blêmit, se mit à trembler de tous ses membres et poussa un cri. Le chandelier glissa de sa main, tomba sur le sol, la bougie s'éteignit et nous nous trouvâmes dans les ténèbres.

Trad. É. Parayre. © Éditions Gallimard.

....

....

....

....

2. Homère, *L'Odyssée* (VIIIe siècle av. J.-C.)

Cependant, sans traîner, la barque robuste arrivait
à l'île des Sirènes : un vent sans danger la poussait.
Bientôt après ce vent tomba, le calme plat se fit
sans plus un souffle ; un dieu devait coucher les flots.

Trad. Ph. Jaccottet. © Éditions La Découverte.

....

....

....

....

13 Le merveilleux

Définition

- Dépeint un univers surnaturel sans le remettre en question (pas de doute du lecteur).
- Employé principalement dans les contes de fées, mais aussi dans les contes philosophiques, des poèmes, récits, utopies…

Exemple : Mme Leprince de Beaumont, *La Belle et la Bête*.

Effets

- Crée l'émerveillement, la rêverie.
- Transporte le lecteur dans un autre monde.

Exemple : Marie de France, *Lais*.

Procédés

- Lexique de la magie, du surnaturel, du rêve.
- Emploi de vocabulaire mélioratif, de superlatifs.
- Personnages archétypiques (magiciens, animaux doués de parole…).
- Opposition entre des héros valorisés et des adversaires dépréciés.

Exemple : « Je vous donne pour don, poursuivit la fée, qu'à chaque parole que vous direz, il vous sortira de la bouche ou une fleur, ou une pierre précieuse » (Ch. Perrault, « Les Fées »).

Exercices

1 Observez les éléments surlignés dans l'extrait suivant et justifiez les grandes caractéristiques rattachant ce texte au merveilleux par un relevé précis (faits de langue, citations…).

Charles Perrault, *Contes, « La Belle au Bois dormant »* (1697)

À peine s'avança-t-il vers le bois, que tous ces grands arbres, ces ronces et ces épines s'écartèrent d'elles-mêmes pour le laisser passer : il marche vers le Château qu'il voyait au bout d'une grande avenue où il entra, et ce qui le surprit un peu, il vit que personne de ses gens ne l'avait pu suivre, parce que les arbres s'étaient rapprochés dès qu'il avait été passé […]. Il traverse plusieurs chambres pleines de Gentilshommes et de Dames, dormant tous, les uns debout, les autres assis ; il entre dans une chambre toute dorée, et il vit sur un lit, dont les rideaux étaient ouverts de tous côtés, le plus beau spectacle qu'il eût jamais vu : une Princesse qui paraissait avoir quinze ou seize ans, et dont l'éclat resplendissant avait quelque chose de lumineux et de divin.

La présence du surnaturel

- Éléments surnaturels : ……………………………………

……………………………………

- Formes verbales : ……………………………………

……………………………………

……………………………………

La magnificence des lieux

……………………………………

……………………………………

Des personnages exceptionnels

- Lexique : ……………………………………

……………………………………

……………………………………

- Image : ……………………………………

……………………………………

……………………………………

2 Lisez les extraits suivants : quel est leur trait commun ? Lequel est merveilleux ? Soulignez dans l'extrait les éléments qui justifient votre réponse.

1. Apulée, *Les Métamorphoses* (IIe siècle)

[Psyché] voit un bois planté d'arbres élancés et touffus, elle voit une source dont l'onde a la transparence du cristal. Au milieu même du bois, près de l'endroit où tombe la source, est une demeure royale, bâtie non de main d'homme, mais par un art divin. Dès l'entrée, vous n'en saurez douter : c'est de quelque dieu que vous avez devant vous la luxueuse et plaisante résidence.

2. Gustave Flaubert, *Trois contes, « Un cœur simple »* (1877)

Cette maison, revêtue d'ardoises, se trouvait entre un passage et une ruelle aboutissant à la rivière. […] Un vestibule étroit séparait la cuisine de la salle où Mme Aubain se tenait tout le long du jour, assise près de la croisée dans un fauteuil de paille.

3. Guy de Maupassant, *Sur l'eau* (1876)

Cependant, la rivière s'était peu à peu couverte d'un brouillard blanc très épais qui rampait sur l'eau fort bas, de sorte que, en me dressant debout, je ne voyais plus le fleuve, ni mes pieds, ni mon bateau […]. J'étais comme enseveli jusqu'à la ceinture dans une nappe de coton d'une blancheur singulière, et il me venait des imaginations fantastiques.

……………………………………

……………………………………

……………………………………

……………………………………

……………………………………

L'ironie

14

Définition

- Naît d'un décalage entre ce qui est dit et ce qui est pensé.
- Est destinée à se moquer de quelqu'un, d'un groupe, d'une institution, d'une thèse, etc.
- Crée une connivence avec le lecteur.

Exemple : Joachim Du Bellay, « Ô beaux cheveux d'argent... » (contre-blason).

Effet

- Suscite la moquerie, le rire.

Exemple : Victor Hugo, « Une comédie à propos d'une tragédie » : expose ironiquement les arguments des partisans de la peine de mort.

Procédés

- Antiphrases : dire le contraire de ce que l'on pense.
- Antithèses, oxymores.
- Figures d'atténuation (euphémismes), figures d'amplification (hyperboles).

Exemple : « A-t-on jamais rien vu de plus impertinent ? un père venir faire des remontrances à son fils, et lui dire [...] de mener une vie d'honnête homme, et cent autres sottises de pareille nature ! » (Molière, *Dom Juan*).

Exercices

1 Observez les éléments surlignés dans l'extrait suivant et justifiez les grandes caractéristiques rattachant ce texte à l'ironie par un relevé précis (faits de langue, citations...).

Émile Zola, *Mon Salon*, « M. Manet » (1866)

Zola évoque les tableaux de Manet, très critiqués par ses contemporains.

J'ai revu *Le Déjeuner sur l'herbe*, ce chef d'œuvre exposé au Salon des Refusés, et je défie nos peintres en vogue de nous donner un horizon plus large et plus empli d'air et de lumière. [...] Nous ne trouvons malheureusement là que des personnages de tous les jours, qui ont le tort d'avoir des muscles et des os, comme tout le monde. Je comprends votre désappointement et votre gaieté, en face de cette toile ; il aurait fallu chatouiller votre regard avec des images de boîtes à gants.

J'ai revu également l'*Olympia*, qui a le défaut grave de ressembler à beaucoup de demoiselles que vous connaissez. Puis, n'est-ce pas ? quelle étrange manie que de peindre autrement que les autres !

L'exposition de l'opinion adverse

- Opinion de ses adversaires : ....
....
....
....
- Énonciation : ....
....

Une opinion présentée comme absurde

- Antiphrases : ....
....
....
....
- Hyperboles : ....
....

La dévalorisation des opposants

- Images péjoratives : ....
....
....
....

2 Lisez le texte et répondez aux questions ci-dessous.

Stendhal, *La Chartreuse de Parme* (1839)

Fabrice Del Dongo participe volontairement à la bataille de Waterloo.

Mais le tapage devint tellement fort en ce moment, que Fabrice ne put lui répondre. Nous avouerons que notre héros était fort peu héros en ce moment. Toutefois, la peur ne venait chez lui qu'en seconde ligne ; il était surtout scandalisé de ce bruit qui lui faisait mal aux oreilles. L'escorte prit le galop ; on traversait une grande pièce de terre labourée, située au-delà du canal, et ce champ était jonché de cadavres.

a. Par quel procédé lexical le narrateur se moque-t-il du personnage ? Observez les lignes 2-3.

....
....
....
....
....
....

b. Soulignez une hyperbole qui renforce l'ironie. Justifiez votre réponse.

....
....
....
....

15

VIIIe siècle av. J.-C. - Ve siècle

L'Antiquité

Histoire et culture

- **Une période très longue** : l'Antiquité gréco-romaine, de l'adoption de l'écriture phénicienne par les Grecs (VIIIe siècle av. J.-C.) à la fin de l'Empire romain (476 ap. J.-C.)
- **Deux civilisations fondatrices** : les **cités de Grèce**, notamment Athènes, première démocratie (langue : grec ancien), et **Rome**, de la République à l'Empire (langue : latin)
- **La naissance de la littérature occidentale** : apparition successive de l'épopée, du lyrisme, du théâtre, de la littérature en prose (philosophie, éloquence, histoire)

Apollon citharède, Ier siècle av. J.-C., musée du Palatin, Rome (Italie).

Idées, thèmes et genres

Les genres narratifs

- épopée (récit en vers) : célébration des valeurs de l'aristocratie antique à travers les héros de Troie ; ex. : Homère, *Iliade* (VIIIe s. av. J.-C.), Virgile, *Énéide* (Ier s. av. J.-C.) ; passage des temps mythiques aux temps historiques ; ex. : Ovide, *Les Métamorphoses* (Ier s.)
- roman (récit fictif en prose) : amour et aventure (Grèce) ; parodie (Rome) ; ex. : Longus, *Daphnis et Chloé* (IIe s.)
- historiographie : écrire l'histoire de la cité ; ex. : Thucydide, *La Guerre du Péloponnèse* (Ve s. av. J.-C.), Tite-Live, *Histoire de Rome depuis sa fondation* (Ier s. av. J.-C.)
- autobiographie ; ex. : Augustin d'Hippone, *Les Confessions* (IVe s.)
- fable ; ex. : Ésope, *Fables* (VIe s. av. J.-C.), Phèdre, *Fables* (Ier s.)

Homère, *Iliade* (VIIIe siècle av. J.-C.)

> « Chante, déesse, la colère d'Achille fils de Pélée, destructrice, et qui causa mille tourments aux Achéens »

Les genres de l'argumentation

- rhétorique : genres délibératif (opportun/inopportun), judiciaire (accusation/défense), épidictique (éloge et blâme) ; ex. : Cicéron, *Catilinaires* (Ier s. av. J.-C.)
- philosophie : recherche du savoir rationnel, du bonheur ; ex. : Platon, *Apologie de Socrate* (IVe s. av. J.-C.), Sénèque, *De la vie heureuse* (Ier s.)
- poésie didactique : dispenser un enseignement ; ex. : *Virgile, Les Géorgiques* (Ier s. av. J.-C.)

Les genres dramatiques

- tragédie grecque, politique et religieuse : mise en scène de mythes pour exalter la démocratie ; ex. : Sophocle, *Œdipe Roi* (Ve s. av. J.-C.)
- tragédie romaine, morale : réfléchir sur le mal dans l'homme ; ex. : Sénèque, *Hercule furieux* (Ier s.)
- comédie : satire politique sur l'actualité de la cité ; ex. : Aristophane, *Les Guêpes* (Ve s. av. J.-C.) ; peinture de la vie privée ; ex. : Plaute, *La Comédie de la marmite* (IIe s. av. J.-C.)

Les genres de la poésie personnelle

- ode, élégie (expression des sentiments), satire (peinture critique de la société) ; ex. : Sappho, *Odes* (VIIe-VIe s. av. J.-C.), Properce, *Élégies* (Ier s. av. J.-C.), Ovide, *Les Tristes* (Ier s.), Horace, *Satires* (Ier s. av. J.-C.)
- poème mythologique : raconter le passage du chaos à l'ordre ; ex. : Hésiode, *La Théogonie* (VIIIe s. av. J.-C.)

Horace, *Odes* (Ier s. av. J.-C.)

> *Carpe diem, quam minimum credula postero*, « Cueille le jour, sans te fier du tout à demain »

Carnet de lecture

Œuvre(s)/texte(s) antiques lu(e)s :

....

Ce que j'ai retenu :

....

Phrases qui ont retenu mon attention :

....

Ce que j'ai aimé / Ce que je n'ai pas aimé :

....

XIe-XVe siècles

Le Moyen Âge

16

Histoire et culture

- **Une période** qui débute avec l'usage du français en littérature (XIe siècle)
- **Des idéaux** : la figure du chevalier et l'amour courtois
- **Des buts** : exalter les valeurs chevaleresques et féodales, chanter la *fin'amor*

Couple d'amoureux, enluminure du *Codex Manesse* (détail), 1310-1340, bibliothèque de l'université de Heidelberg (Allemagne).

Idées, thèmes et genres

La dimension épique

- chansons de geste (du latin *gesta*, « exploits ») puis romans de chevalerie
- récits, d'abord en vers puis en prose, qui mêlent histoire, légende et merveilleux
- éloge du chevalier et de ses vertus héroïques

La Chanson de Roland (fin du XIe siècle)
Raoul de Cambrai (X^{e}-XIIe siècles)
Chrétien de Troyes, *Yvain ou le Chevalier au lion* (XIIe siècle)

Le raffinement de l'amour courtois

- œuvres lyriques de poètes musiciens (troubadours et trouvères), mais aussi romanesques
- amour codifié réservé à l'élite de la société
- idéal de courtoisie : élégance morale, conduite raffinée, soumission de l'amant à sa dame...

Le Roman de Tristan, versions de Béroul, puis de Thomas (XIIe siècle)

> « Reine, dit Tristan, pourquoi m'avoir appelé seigneur ? Ne suis-je pas votre homme lige, au contraire, et votre vassal, pour vous révérer, vous servir et vous aimer comme ma reine et ma dame ? »

Marie de France, *Lais* (vers 1170)
Chrétien de Troyes, *Érec et Énide* (XIIe siècle)
Christine de Pizan, *Cent ballades d'amant et de dame* (1402-1410)

La littérature satirique

- fabliaux qui raillent les défauts humains
- parodie des codes aristocratiques, de la justice ; dénonciation des travers de la société
- satire amusée plus que critique : volonté de faire rire

Le Roman de Renart (XIIe siècle)
Aucassin et Nicolette (XIIIe siècle)

L'essor du théâtre

- inspiration d'abord religieuse : miracles et mystères
- développement du théâtre comique avec la farce et la sotie (pièce carnavalesque et satirique)
- pratiqué dans des foires pour un public populaire

Adam de la Halle, *Le Jeu de Robin et Marion* (XIIIe siècle)
La Farce de maître Pathelin (XVe siècle)
La Farce du cuvier (XVe siècle)

Carnet de lecture

Œuvre(s)/texte(s) du Moyen Âge lu(e)s :

....

Ce que j'ai retenu :

....

Phrases qui ont retenu mon attention :

....

Ce que j'ai aimé / Ce que je n'ai pas aimé :

....

Analyser les caractéristiques d'écriture des genres

1 La mélancolie du poète médiéval

Charles d'Orléans, « Le monde est ennuyé de moi... » (XVe siècle)

Le monde est ennuyé de moi,
Et moi pareillement de lui ;
Je ne connais rien aujourd'hui
Dont il me chaille que bien poi[1].

Dont quanque[2] dedans mes yeux vois,
Puis[3] nommer ennui sur ennui ;
Le monde est ennuyé de moi,
Et moi pareillement de lui.

Chèrement se vend bonne foi,
À bon marché n'en a nullui[4] ;
Et pour ce, si je suis celui
Qui m'en plains, j'ai raison pour quoi[5] :
Le monde est ennuyé de moi.

1. qui soit vraiment important pour moi. 2. alors, tout ce que... 3. je peux. 4. personne. 5. j'ai de bonnes raisons de me plaindre.

Orthographe modernisée.

a. Quelle forme poétique reconnaissez-vous (voir p. 18-19) ? Repérez ses caractéristiques principales.

....

....

b. En quoi la forme poétique choisie se prête-t-elle à l'expression de la mélancolie ?

....

....

Repérer et analyser des figures de style

2 Les images dans la poésie courtoise

Marie de France, « Le Chèvrefeuille », *Lais* (XIIe siècle)

Ce lai évoque la légende de Tristan et Iseult.

[...] Ils étaient tous deux
Comme le chèvrefeuille
Qui s'enroule autour du noisetier :
Quand il s'y est enlacé
Et qu'il entoure la tige,
Ils peuvent ainsi continuer à vivre longtemps.
Mais si l'on veut ensuite les séparer,
Le noisetier a tôt fait de mourir,
Tout comme le chèvrefeuille.
« Belle amie, ainsi en va-t-il de nous :
ni vous sans moi, ni moi sans vous ! »

Trad. L. Harf-Lancner.

a. Sur quelle figure de style le passage se construit-il ?

....

b. En quoi ce texte relève-t-il de la poésie courtoise ?

....

....

....

3 Des figures frappantes

François Villon, *Le Testament* (1461)

Je connais[1] que pauvres et riches,
Sages et fols, prêtres et laiz[2],
Nobles, vilains[3], larges et chiches[4],
Petits et grands, et beaux et laiz[5],
Dames à rebrassés collets[6],
De quelconque condition,
Portant atours[7] et bourrelets[8],
Mort saisit sans exception.

1. sais. 2. laïcs, non religieux. 3. paysans. 4. riches et pauvres. 5. laids. 6. à cols relevés. 7. coiffures des nobles. 8. coiffures des bourgeoises.

Orthographe modernisée.

a. Quelles figures de style dominent dans ce huitain ?

....

....

....

....

b. Quel est l'effet recherché ?

....

....

....

....

....

....

....

Confronter une œuvre à son contexte

4 L'idéal courtois

Michel Zink, *Introduction à la littérature française du Moyen Âge* (1993)

Être courtois suppose de connaître les usages, de se conduire avec aisance et distinction dans le monde, d'être habile à l'exercice de la chasse et de la guerre, d'avoir l'esprit assez agile pour les raffinements de la conversation et de la poésie. Être courtois suppose le goût du luxe en même temps que la familiarité détachée à son égard, l'horreur et le mépris de tout ce qui ressemble à la cupidité, à l'avarice [...].

a. D'après vous, sur quel nom est formé l'adjectif « courtois » ?

....

....

b. Surlignez les qualités de l'homme courtois. En quoi font-elles de lui un homme complet ?

....

....

....

L'Humanisme

Jean Clouet, *Portrait de Marguerite de Navarre* (détail), vers 1527, Walker Art Gallery, Liverpool (Royaume-Uni).

Origines du mouvement

- **Naissance** : en Italie, au XVe siècle
- **Des événements fondateurs** : l'invention de l'imprimerie (1450), les Grandes Découvertes
- **Extension à toute l'Europe** par les livres, les lettres et les voyages
- **Un principe** : l'homme au cœur des réflexions
- **Un but** : développer les savoirs et la raison en exerçant son esprit critique

Idées, thèmes et genres

La confiance en l'homme

- revalorisation de l'humain (contrairement au Moyen Âge où primait la religion)
- redécouverte de philosophies antiques qui mettent en avant l'homme et son corps
- croyance en la perfectibilité de l'homme
- découverte de nouveaux continents et ouverture à l'autre

Jean de Léry, *Histoire d'un voyage fait en la terre de Brésil* (1578)

Michel de Montaigne, *Essais* (1580-1595)

> « chacun appelle barbarie ce qui n'est pas de son usage »

La quête d'une société idéale

- recherche de l'équilibre et de la mesure
- affirmation de la liberté de l'homme
- développement conjoint du corps et de l'esprit par l'éducation
- idéal de justice et de paix, réflexions sur le pouvoir

Thomas More, *L'Utopie* (1516)

Étienne de La Boétie, *Discours de la servitude volontaire* (1576)

> « L'amitié, c'est un nom sacré, c'est une chose sainte ; elle ne se met jamais qu'entre gens de bien. »

L'importance du savoir

- retour aux textes bibliques et antiques dans leur langue d'origine, hors des commentaires
- rédaction de dictionnaires et de grammaires
- découvertes en astronomie (Copernic)
- réflexions sur l'éducation et réformes de l'enseignement

Érasme, *De l'éducation des enfants* (1529)

François Rabelais, *Gargantua* (1534)

De nouveaux genres

- le roman rabelaisien, fiction (des aventures de géants) à la fois satirique et argumentative
- la nouvelle : histoire fictive brève ; ensemble de nouvelles racontées et commentées par des personnages, reflétant la diversité des points de vue
- l'essai : anecdotes et opinions personnelles élargies à une réflexion générale sur l'homme, nourries de citations antiques

François Rabelais, *Pantagruel* (1532)

Marguerite de Navarre, *L'Heptaméron* (1548) : 72 nouvelles

Carnet de lecture

Œuvre(s)/texte(s) humanistes lu(e)s :

....

....

....

Ce que j'ai retenu :

....

....

....

Phrases qui ont retenu mon attention :

....

....

....

Ce que j'ai aimé / Ce que je n'ai pas aimé :

....

....

....

18 XVIe siècle
La Pléiade

Le Parmesan, *Antea ou Portrait de jeune femme* (détail), vers 1525-1527, musée Capodimonte, Naples (Italie).

Origines du mouvement

- Un **groupe de poètes** réunis autour de Ronsard et Du Bellay, **redécouvrant l'Antiquité gréco-romaine** auprès des hellénistes Dorat et Amyot
- **Une image** : une constellation de sept poètes, comme les Pléiades (constellation de sept étoiles)
- **Des principes** : l'imitation des poètes grecs, romains et italiens, la recréation artistique
- **Des buts** : créer une poésie nouvelle à partir des modèles antiques et italiens, défendre et enrichir la langue française

Idées, thèmes et genres

L'inspiration antique

- rejet de la poésie du Moyen Âge
- imitation d'auteurs grecs et latins : Homère, Virgile, Pindare, Horace…
- imitation de formes variées comme l'ode ou l'hymne antiques
- métaphore de l'inspiration pour exprimer l'amour de la poésie et l'espoir d'accéder à la postérité

Pierre de Ronsard, *Odes* (1550-1552)
Joachim du Bellay, « Las, où est maintenant ce mépris de Fortune ?… » (1558)

Le renouvellement du lyrisme amoureux

- célébration de la femme idéalisée
- adoption de formes italiennes (sonnet), dans une recherche de l'harmonie par le rythme du vers : généralisation de l'alexandrin
- ornementation par la variété des images, métaphores et allégories, parfois jusqu'à l'obscurité

Joachim du Bellay, *L'Olive* (1549-1550)
Pierre de Ronsard, *Les Amours de Cassandre* (1552)

Le *carpe diem* : profiter de l'instant présent

- reprise d'un thème antique et d'une formule hérités du poète Horace
- leçon pour se prémunir de la nostalgie et des regrets
- invitation à une philosophie du bien-vivre

Pierre de Ronsard, « Quand vous serez bien vieille… », *Sonnets pour Hélène* (1578)

> « Vivez, si m'en croyez, n'attendez à demain,
> Cueillez dès aujourd'hui les roses de la vie. »

Joachim du Bellay, *Les Regrets* (1558)

La défense de la langue française

- un manifeste poétique : *La Défense et illustration de la langue française* (Du Bellay)
- le choix d'écrire des œuvres littéraires en français (et non en latin)
- projet d'écrire l'épopée de la France, comme Virgile a écrit l'*Énéide* pour Rome
- écriture savante servie par l'inspiration et un travail inlassable
- enrichissement du lexique : emprunts au latin et au grec, à d'autres langues, formation de nouveaux mots

Joachim du Bellay, *La Défense et illustration de la langue française* (1549)
Jacques Peletier du Mans, *Art poétique* (1555)
Pierre de Ronsard, *La Franciade* (1572)

Carnet de lecture

Œuvre(s)/texte(s) de la Pléiade lu(e)s :

……………………………………………

Ce que j'ai retenu :

……………………………………………

Phrases qui ont retenu mon attention :

……………………………………………

Ce que j'ai aimé / Ce que je n'ai pas aimé :

……………………………………………

Repérer et analyser les principes du mouvement

1 Une conception exigeante de la création poétique

Joachim du Bellay, *Les Regrets* (1558)

Las[1], où est maintenant ce mépris de Fortune[2] ?
Où est ce cœur vainqueur de toute adversité,
Cet honnête désir de l'immortalité,
Et cette honnête flamme au peuple non commune ?

Où sont ces doux plaisirs, qu'au soir sous la nuit brune
Les Muses me donnaient, alors qu'en liberté
Dessus le vert tapis d'un rivage écarté
Je les menais danser aux rayons de la Lune ? […]

1. hélas. 2. du sort. Orthographe modernisée par les auteurs.

a. v. 1-4, surlignez le lexique évoquant les sentiments passés du poète. Quelle image du poète se dessine ?

....

....

....

b. Qu'est-ce qui fait du second quatrain une scène charmante et bucolique ? Quel rôle y joue le poète ?

....

....

....

c. Que comprend-on aux premiers mots du poème et à l'opposition entre le présent et l'imparfait ?

....

....

....

....

Analyser les caractéristiques d'écriture du genre

2 Une poésie renouvelée : le sonnet

Pierre de Ronsard, *Continuation des Amours* (1555)

Marie, qui voudrait votre beau nom tourner,
Il trouverait aimer : aimez-moi donc, Marie,
Faites cela vers moi dont votre nom vous prie,
Votre amour ne se peut en meilleur lieu donner :

S'il vous plaît pour jamais un plaisir demener[1],
Aimez-moi, nous prendrons les plaisirs de la vie,
Pendus l'un l'autre au col[2], et jamais nulle envie
D'aimer en autre lieu ne nous pourra mener. […]

1. mener. 2. cou. Orthographe modernisée par les auteurs.

a. Sur quelle figure les vers 1-4 reposent-ils, et quel effet produit-elle ? Comment comprenez-vous le vers 3 ?

....

....

....

....

b. Que soulignent le rythme et les sonorités, v. 1-2 ?

....

....

....

....

....

....

....

....

c. Quelle conception de l'amour ces vers offrent-ils ?

....

....

....

....

....

....

Repérer et analyser des figures de style

3 L'image pour exprimer le *carpe diem*

Rémy Belleau, « Douce et belle bouchelette » (1565)

[…] Ainsi, ma douce guerrière
Mon cœur, mon tout, ma lumière,
Vivons ensemble, vivons
 Et suivons
Les doux sentiers de la jeunesse :
Aussi bien[1] une vieillesse
Nous menace sur le port,
Qui, toute courbe et tremblante,
Nous entraîne chancelante
La maladie et la mort.

1. car. Orthographe modernisée par les auteurs.

a. Quelle évocation de l'existence lit-on dans ces vers ? Par quoi est-elle symbolisée ?

....

....

....

....

....

b. Comment l'idée du *carpe diem* est-elle exprimée ?

....

....

....

....

....

XVIIe siècle

19 Le Baroque

Origines du mouvement

- **Un mouvement européen** qui naît dans un monde bouleversé par les guerres de Religion, et qui traverse tous les arts du XVIIe au XVIIIe siècle (musique, peinture, sculpture…)
- **Un contexte religieux et politique en mutation**, avec la Contre-Réforme catholique en réponse à la Réforme protestante (XVIe siècle), et l'avènement de la monarchie absolue
- **Une image** : la perle de forme irrégulière, *barroco* en portugais (origine du mot « baroque »), symbole d'inattendu et d'exubérance des formes
- **Des principes** : le goût de l'ostentatoire, du faste et de la démesure ; les représentations de l'instabilité du monde
- **Des buts** : libérer l'imagination et les émotions, ouvrir à la méditation sur le caractère éphémère de la vie, raviver la foi chrétienne et célébrer le pouvoir absolu

Le Caravage, *Garçon avec un panier de fruits* (détail), 1593, galerie Borghèse, Rome (Italie).

Idées, thèmes et genres

L'inconstance du monde

- retour aux mythes contant des métamorphoses
- rêverie sur le mouvant, l'évanescent
- tableaux de l'inconstance amoureuse
- représentation du mouvement, de l'instabilité des éléments

Théophile de Viau, *Les Amours tragiques de Pyrame et Thisbé* (1623)
Pierre de Marbeuf, *« À Philis », Recueil de vers* (1628)

> « Et la mer et l'amour ont l'amer pour partage,
> Et la mer est amère, et l'amour est amer »

Le théâtre du monde

- jeux entre réel et imaginaire : illusion, rêve, hallucination
- conscience de vivre un mirage : « La vie est un songe »
- triomphe de la théâtralité, du théâtre dans le théâtre, mises en abyme
- images cachées que le mouvement doit dévoiler : anamorphoses et allégories

William Shakespeare, *Le Songe d'une nuit d'été* (1595)
Pierre Corneille, *L'Illusion comique* (1634)
Pedro Calderón de la Barca, *La vie est un songe* (1635)

Le spectacle de la mort

- obsession de la mort qui menace à tout moment
- rappel de la condition humaine au travers des « vanités »
- représentations réalistes de la mort pour mieux la conjurer

J.-B. Chassignet, *Le Mépris de la vie et consolation contre la mort* (1594)
Théodore Agrippa d'Aubigné, *Les Tragiques* (1616)

Les formes littéraires du baroque

- théâtre : mélange des genres et goût du spectaculaire jusqu'à la démesure, l'excès
- roman pastoral : multiples intrigues amoureuses dans une nature changeante
- poésie imagée et virtuose pour dire la fugacité et l'instabilité des sentiments
- œuvres épiques, visionnaires et hallucinées

Jean de Sponde, *Essai de quelques poèmes chrétiens* (1588)
Honoré d'Urfé, *L'Astrée* (1607-1627)
Pierre Corneille, *Médée* (1634)

Carnet de lecture

Œuvre(s)/texte(s) baroques lu(e)s :

....

Ce que j'ai retenu :

....

Phrases qui ont retenu mon attention :

....

Ce que j'ai aimé / Ce que je n'ai pas aimé :

....

La Préciosité

Origines du mouvement

- **Un courant aristocratique et féminin** qui donne naissance à des salons, dans lesquels des femmes de la noblesse reçoivent intellectuels et artistes
- **Une image** : la « Carte du Tendre », une analyse des sentiments précise et raffinée
- **Un principe** : en réaction aux mœurs grossières de la cour d'Henri IV, instaurer des relations raffinées et galantes entre les femmes et les hommes dans un langage renouvelé et épuré
- **Des buts** : redéfinir les codes des relations amoureuses et amicales, cultiver l'art de la conversation mondaine, s'exercer à des jeux littéraires

Marie de Rabutin-Chantal, marquise de Sévigné (détail), gravure de 1844-1847 parue dans *Le Plutarque français*, colorisée.

Idées, thèmes et genres

Les salons, lieux de création littéraire

- débats sur des dilemmes amoureux, qui nourrissent la création romanesque
- lecture de lettres privées, admirées pour leur style
- jeux poétiques (madrigaux, portraits...) qui exaltent la délicatesse des sentiments

Vincent Voiture, « Métamorphose de Julie en Diamant » (1647)
Mme de de Sévigné, *Lettres* (1635-1696)

Une revendication : l'éducation des femmes

- défense des droits des femmes à l'éducation
- volonté d'accéder au monde du savoir, des idées et de la réflexion
- refus du mariage imposé
- désir d'autonomie sociale, intellectuelle et sentimentale
- revendications moquées par les auteurs de leur temps (Somaize, Molière)

Marie de Gournay, *Le Grief des femmes* (1626)
Molière, *Les Femmes savantes* (1672)

L'éloge des sentiments distingués et idéalisés

- réinvention des codes de l'amour courtois
- rôle prééminent des femmes, qui deviennent les arbitres du goût dans leurs salons
- art de la galanterie dans la poésie, romans-fleuves (héroïques, pastoraux) développant des histoires d'amour complexes et raffinées

Vincent Voiture, « Sonnet d'Uranie » (1638)
Madeleine de Scudéry, *Clélie* (1654)

Une langue épurée et renouvelée

- grand souci de précision dans l'analyse psychologique
- volonté de pureté d'un vocabulaire débarrassé de mots bas, de sonorités considérées comme vulgaires
- élégance du langage, métaphores et périphrases qui mènent parfois à un style trop sophistiqué
- création de mots nouveaux, prolifération des adverbes et des adjectifs devenant des noms (« le tendre », « le beau »)

Vincent Voiture, « La Belle Matineuse » (1635)
Gilles Ménage, *Menagiana* (posth., 1693)

Carnet de lecture

Œuvre(s)/texte(s) précieux lu(e)s :

....

Ce que j'ai retenu :

....

Phrases qui ont retenu mon attention :

....

Ce que j'ai aimé / Ce que je n'ai pas aimé :

....

XVIIe siècle

21 Le Classicisme

Origines du mouvement

- **Un mouvement** lié à un pouvoir politique fort : la monarchie absolue de Louis XIV
- **Un idéal** : l'ordre et la mesure
- **Un principe** : respecter des règles strictes fondées sur la raison
- **Des buts** : chercher l'harmonie et le naturel, rejeter les excès baroques, imiter les Anciens érigés en modèles

Eustache Le Sueur, *Les Muses Clio, Euterpe et Thalie* (détail), 1652-1665, musée du Louvre, Paris.

Idées, thèmes et genres

Plaire et instruire

- susciter des émotions et réjouir le public
- corriger les défauts des hommes : vocation morale de l'œuvre littéraire
- proposer un idéal de l'« honnête homme », intégré à la société, sans excès

François de La Rochefoucauld, *Maximes* (1664)
Jean de La Fontaine, *Fables* (1668)

Une codification rigoureuse

- primauté de la clarté et de la vraisemblance
- séparation et hiérarchisation des genres (épopée, tragédie : nobles ; comédie, roman : mineurs)
- théâtre régi par des règles strictes (unités de lieu, temps, action)
- respect des bienséances
- recherche de principes de beauté éternels, atteints par les Anciens

Pierre Corneille, *Cinna* (1641)
Molière, *Le Misanthrope* (1666)
Jean Racine, *Britannicus* (1669)

Le goût de la mesure

- condamnation des passions au profit de la modération
- recherche d'équilibre et d'harmonie
- expression claire et épurée
- figures d'atténuation : allusions, litotes (ex. : « je ne te hais point », P. Corneille, *Le Cid*)

Jacques-Bénigne Bossuet, *Sermons* (1627)
Jean Racine, *Bérénice* (1670), préface de *Phèdre* (1677)

> « Le vice y est peint partout avec des couleurs qui en font connaître et haïr la difformité »

Des genres à visée didactique

- roman « psychologique »
- fables à visée morale
- fonction cathartique de la tragédie
- comédie à dimension satirique
- genres argumentatifs brefs (maximes…)

Molière, *L'Avare* (1668), *Le Malade imaginaire* (1673)
Mme de Lafayette, *La Princesse de Clèves* (1678)
François de La Rochefoucauld, *Maximes* (1664)
Nicolas Boileau, *Art poétique* (1674)

> « Qu'en savantes leçons votre muse fertile
> Partout joigne au plaisant le solide et l'utile.
> Un lecteur sage fuit un vain amusement,
> Et veut mettre à profit son divertissement. »

Cardinal de Retz, *Mémoires* (1675-1677)

Carnet de lecture

Œuvre(s)/texte(s) classiques lu(e)s :
....

Ce que j'ai retenu :
....

Phrases qui ont retenu mon attention :
....

Ce que j'ai aimé / Ce que je n'ai pas aimé :
....

Exercices

Repérer et analyser les principes des mouvements

1 Le Baroque : le goût du contraste

Marc-Antoine Girard de Saint-Amant,
« L'Hiver des Alpes », *Œuvres* (1643)

Ces atomes de feu qui sur la neige brillent,
Ces étincelles d'or, d'azur et de cristal
Dont l'hiver, au soleil, d'un lustre[1] oriental
Pare ses cheveux blancs que les vents éparpillent ;

Ce beau coton du ciel de quoi les monts s'habillent,
Ce pavé transparent fait du second métal[2],
Et cet air net et sain, propre à l'esprit vital,
Sont si doux à mes yeux que d'aise ils en pétillent. […]

1. éclat. 2. fait d'argent.

a. Quelle opposition repérez-vous dans les images, v. 1-4 ? Surlignez le premier champ lexical et soulignez le second.

b. Que désigne la périphrase v. 5 ? Sur quelles images se construit-elle ? Quel(s) effet(s) ces procédés produisent-ils ?

c. Par quels procédés l'hiver est-il personnifié ? Quel(s) effet(s) provoque-t-il sur le poète ?

2 Préciosité et galanterie

Vincent Voiture, *Poésies* (1649)

Trois jours entiers, et trois entières nuits,
Bien lentement se sont passés depuis
Que j'ai perdu la clarté souveraine
De deux soleils, les beaux yeux de ma reine,
Par qui les miens soulaient[1] être conduits […].

1. avaient l'habitude de.

a. Surlignez les termes évoquant le passage du temps. Sur quoi le poète insiste-t-il ? Dans quelle tonalité le poème est-il écrit ?

b. Comment la femme aimée est-elle désignée ? Quel rôle joue-t-elle pour son amant ? Par quel procédé ce rôle est-il souligné ?

c. Quelles caractéristiques de la poésie précieuse trouve-t-on dans cet extrait ?

Analyser les caractéristiques d'écriture des genres

3 La grandeur de la tragédie classique

Jean Racine, *Andromaque*, *acte I, scène 4* (1667)

Pyrrhus a choisi de défendre le fils d'Andromaque contre les Grecs, qui veulent la mort de l'enfant.

Pyrrhus. – Madame, mes refus ont prévenu[1] vos larmes.
Tous les Grecs m'ont déjà menacé de leurs armes ;
Mais dussent-ils encore, en repassant les eaux,
Demander votre fils avec mille vaisseaux ;
Coûtât-il tout le sang qu'Hélène[2] a fait répandre ;
Dussé-je après dix ans voir mon palais en cendre,
Je ne balance[3] point, je vole à son secours :
Je défendrai sa vie aux dépens de mes jours.

1. sont venus avant. 2. reine grecque à l'origine de la guerre de Troie. 3. hésite.

a. Quels éléments contribuent à la richesse de la langue tragique ?

b. De quel sujet Racine s'inspire-t-il ?

4 La visée morale du Classicisme : la comédie sérieuse

Molière, *Le Misanthrope*, *acte I, scène 1* (1666)

Philinte. – […] Il faut, parmi le monde, une vertu traitable,
À force de sagesse on peut être blâmable,
La parfaite raison fuit toute extrémité,
Et veut que l'on soit sage avec sobriété.
Cette grande roideur des vertus des vieux âges
Heurte trop notre siècle et les communs usages ;
Elle veut aux mortels trop de perfection :
Il faut fléchir au temps sans obstination ;
Et c'est une folie à nulle autre seconde
De vouloir se mêler de corriger le monde.

a. Quelles qualités humaines sont ici défendues ? Regardez les éléments surlignés en bleu.

....

....

b. Quel défaut les termes surlignés en orange dénoncent-ils ?

....

....

....

c. Quels procédés contribuent à la portée générale du propos ?

....

....

....

....

....

Repérer et analyser les figures de style

5 L'élégance précieuse et les périphrases

Lisez ces périphrases extraites du *Grand Dictionnaire des précieuses* de Somaize (1660) et répondez aux questions.

1. Les miroirs de l'âme (*les yeux*).

2. Un nourrisson des Muses (*le poète*).

3. Les habitants du royaume de Neptune (.............................).

4. Le centre de la belle galanterie (*Paris*).

5. Les perles d'Iris (*les larmes*).

6. Les occupations des beaux esprits (*les lèvres*).

7. Le supplément du soleil (..).

8. Un bain intérieur (..).

9. Contentez, s'il vous plaît, l'envie que ce siège a de vous embrasser (*veuillez vous asseoir*).

a. À quels univers culturels les lexiques surlignés renvoient-ils ?

Surligné en orange : ....

....

....

Surligné en vert : ....

....

b. Devinez quels mots sont définis par les périphrases 3, 7 et 8.

c. Dans *Les Précieuses ridicules*, Molière s'est moqué de ces périphrases. Choisissez-en une et expliquez ce qui peut la faire paraître risible.

....

....

....

....

Confronter l'œuvre à son contexte

6 Une réflexion sur l'existence au XVIIe siècle

Jean-Baptiste Chassignet, *Le Mépris de la vie et consolation contre la mort* (1594)

Mortel, pense quel[1] est dessous la couverture
D'un charnier mortuaire un corps mangé de vers,
Décharné, dénervé, où les os découverts,
Dépoulpés[2], dénoués, délaissent leur jointure […].

1. comment. 2. décharnés.

a. Quel champ lexical domine ces vers ? Surlignez-le. À quel mouvement cette thématique renvoie-t-elle ?

....

....

....

b. À qui le poète s'adresse-t-il, et avec quel mode verbal ? À quel exercice spirituel ce poème invite-t-il ?

....

....

....

....

c. Que peut éprouver le lecteur à une vision comme celle-ci ? Qu'est-elle censée lui rappeler ?

....

....

....

....

....

7 La condition des femmes au XVIIe siècle

Molière, *Le Malade imaginaire*, acte I, scène 5 (1673)

Pour satisfaire sa manie, Argan a décidé de marier sa fille Angélique à un médecin. Sa servante Toinette tente de s'opposer à cette décision.

ARGAN. – On dira ce qu'on voudra, mais je vous dis que je veux qu'elle exécute la parole que j'ai donnée.

TOINETTE. – Non, je suis sûre qu'elle ne le fera pas.

ARGAN. – Je l'y forcerai bien.

TOINETTE. – Elle ne le fera pas, vous dis-je.

ARGAN. – Elle le fera, ou je la mettrai dans un couvent.

a. À quelle alternative Angélique est-elle réduite ?

....

....

b. Comment Molière ridiculise-t-il l'autorité d'Argan ?

....

....

....

....

XVIIIe siècle

Les Lumières

22

Origines du mouvement

- **Un mouvement européen**, à la suite des réflexions sur l'honnête homme au XVIIe siècle
- **Une image** : rendre les hommes éclairés
- **Un principe** : le triomphe de la raison et du philosophe
- **Des buts** : chercher la vérité, permettre à l'homme d'accéder au bonheur grâce au progrès

Allégorie des Mathématiques, 1724, gravure.

Idées, thèmes et genres

L'Ailleurs et l'Autre

- progrès de la science et des méthodes de navigation
- rencontre de l'altérité
- nombreuses expéditions
- refus des préjugés
- récits de voyage

Voltaire, *L'Ingénu* (1767)

> « J'ai vécu huron vingt ans ; on dit que ce sont des barbares parce qu'ils se vengent de leurs ennemis ; mais ils n'ont jamais opprimé leurs amis. »

Louis-Antoine de Bougainville, *Voyage autour du monde* (1771)

Denis Diderot, *Supplément au Voyage de Bougainville* (1772)

La lutte contre l'obscurantisme

- intérêt pour des domaines variés
- importance de l'observation rationnelle
- volonté de vulgariser les connaissances
- outils de connaissance, mais aussi de contestation
- dialogue et conte philosophiques pour diffuser des idées

Jean-Jacques Rousseau, *Discours sur les sciences et les arts* (1750)

Denis Diderot et Jean Le Rond d'Alembert, *Encyclopédie* (1751-1772)

Voltaire, *Dictionnaire philosophique portatif* (1764)

La critique de la monarchie

- critique des monarques autoritaires
- dénonciation de la guerre
- critique de la monarchie absolue de droit divin

Montesquieu, *Lettres persanes* (1721), *De l'esprit des lois* (1748)

La lutte contre les persécutions

- dénonciation de l'esclavagisme
- dénonciation de la torture
- dénonciation du fanatisme religieux, des persécutions commises à l'encontre des protestants

Voltaire, *Candide* (1759), *Traité sur la tolérance* (1763)

L'égalité entre les hommes

- réflexion sur les conditions sociales
- remise en cause des privilèges nobiliaires
- mouvements en faveur des droits des femmes
- drame bourgeois (personnages non nobles)
- comédie sociale ; inversion des rapports maîtres/valets

Marivaux, *La Colonie* (1729)

Beaumarchais, *Le Mariage de Figaro* (1784)

Olympe de Gouges, *Déclaration des droits de la femme et de la citoyenne* (1791)

Carnet de lecture

Œuvre(s)/texte(s) des Lumières lu(e)s :

....

....

....

Ce que j'ai retenu :

....

....

....

Phrases qui ont retenu mon attention :

....

....

....

Ce que j'ai aimé / Ce que je n'ai pas aimé :

....

....

....

23 XVIIIe siècle
Le Libertinage

Origines du mouvement

- **Un mouvement** né au XVIIe siècle dans un contexte de conflits religieux (protestants/catholiques, jésuites/jansénistes)
- **Une influence réciproque** avec le mouvement des Lumières (esprit critique, usage de la raison, connaissances scientifiques, réflexions des philosophes)
- **Une image** : l'homme affranchi (en latin *libertinus* signifie « esclave affranchi »)
- **Un principe** : une pensée libérée de la religion et de la morale
- **Un personnage emblématique** : don Juan, le séducteur qui revendique son libertinage

Antoine Watteau, *Embarquement pour Cythère* (détail), 1718, château de Charlottenburg, Berlin (Allemagne).

Idées, thèmes et genres

La critique de la religion

- affirmation de la supériorité de la raison
- attitude critique face aux préjugés, superstitions, miracles
- affranchissement des principes et dogmes de la religion
- athéisme

Molière, *Dom Juan* (1682)

> « Mais encore faut-il croire en quelque chose dans le monde : qu'est-ce donc que vous croyez ? [...]
> – Je crois que deux et deux sont quatre, Sganarelle, et que quatre et quatre sont huit. »

Pierre Bayle, *Dictionnaire historique et critique* (1695-1705)

Le libertinage de mœurs

- influence de l'hédonisme (prônant la quête du plaisir) et du courant sensible (préfigurant le Romantisme)
- revendication de l'inconstance amoureuse
- revendication de la liberté sexuelle

Crébillon fils, *Les Égarements du cœur et de l'esprit* (1736)
Pierre Choderlos de Laclos, *Les Liaisons dangereuses* (1782)

> « l'un jouit du bonheur d'aimer, l'autre de celui de plaire, un peu moins vif à la vérité, mais auquel je joins le plaisir de tromper, ce qui fait équilibre ; et tout s'arrange »

Une démarche philosophique

- pensée matérialiste (tout est matière) et influence de l'atomisme
- importance de l'observation et de l'expérimentation
- choix du libre arbitre
- réflexions sur la politique et remise en cause de la monarchie absolue

Cyrano de Bergerac, *Histoire comique des États et Empires de la Lune* (1657)

Le roman libertin et le roman sensible

- personnages faisant l'expérience de l'amour (roman sensible) ou multipliant les expériences amoureuses (roman libertin)
- séduction, manipulation et cynisme des personnages libertins
- choix de la forme épistolaire faisant apparaître les contrastes entre les personnages
- présence d'argumentation

Abbé Prévost, *Manon Lescaut* (1731)
Jean-Jacques Rousseau, *Julie ou la Nouvelle Héloïse* (1761)

Carnet de lecture

Œuvre(s)/texte(s) libertins lu(e)s :

....

Ce que j'ai retenu :

....

Phrases qui ont retenu mon attention :

....

Ce que j'ai aimé / Ce que je n'ai pas aimé :

....

Repérer et analyser les principes du mouvement

1 L'Autre

Voltaire, *Traité sur la tolérance* (1763)

Il ne faut pas un grand art, une éloquence bien recherchée, pour prouver que des chrétiens doivent se tolérer les uns les autres. Je vais plus loin : je vous dis qu'il faut regarder tous les hommes comme nos frères. Quoi ! mon frère le Turc ? mon frère le Chinois ? le Juif ? le Siamois[1] ? Oui, sans doute ; ne sommes-nous pas tous enfants du même père, et créatures du même Dieu ?
Mais ces peuples nous méprisent ; mais ils nous traitent d'idolâtres ! Hé bien ! je leur dirai qu'ils ont grand tort.

1. habitant de Siam, en Asie du Sud-Est.

a. Soulignez la thèse de l'auteur. À quels principes des Lumières cet extrait se rattache-t-il ?

....

....

....

....

....

....

b. Identifiez la situation d'énonciation. En quoi le choix de cette forme met-elle en valeur la pensée de Voltaire ?

....

....

....

....

....

....

Analyser les caractéristiques d'écriture des genres

2 Le théâtre d'idées

Beaumarchais, *Le Mariage de Figaro, acte III, scène 16* (1784)

Marceline, *vivement.* – Hommes plus qu'ingrats, qui flétrissez par le mépris les jouets de vos passions, vos victimes ! c'est vous qu'il faut punir des erreurs de notre jeunesse ; vous et vos magistrats, si vains du droit de nous juger, et qui nous laissent enlever, par leur coupable négligence, tout honnête moyen de subsister. Est-il un seul état pour les malheureuses filles ? elles avaient un droit naturel à toute la parure des femmes : on y laisse former mille ouvriers de l'autre sexe.
Figaro, *en colère.* – Ils font broder jusqu'aux soldats !

a. Complétez avec des citations du texte la liste de procédés qui soulignent l'accusation de Marceline. Indiquez la tonalité employée.

- Lexique dévalorisant : ....

....

- Hyperboles : ....

....

- Marque d'emphase : ....
- Tonalité : ....

b. Quel rôle l'intervention de Figaro joue-t-elle ?

....

....

....

....

....

....

....

3 Le roman épistolaire

Pierre Choderlos de Laclos, *Les Liaisons dangereuses* (1782)

Par défi, le libertin Valmont veut séduire la présidente de Tourvel. Obligé de la quitter, il retrouve à Paris Émilie, une prostituée.

Cette complaisance de ma part est le prix de celle qu'elle[1] vient d'avoir, de me servir de pupitre pour écrire à ma belle dévote[2], à qui j'ai trouvé plaisant d'envoyer une lettre écrite du lit et presque d'entre les bras d'une fille, interrompue même pour une infidélité complète [...]. Émilie, qui a lu l'épître, en a ri comme une folle, et j'espère que vous en rirez aussi.

1. Émilie. 2. la présidente de Tourvel.

Lettre 47, le vicomte de Valmont à la marquise de Merteuil.

La situation où je suis en vous écrivant me fait connaître, plus que jamais, la puissance irrésistible de l'amour ; j'ai peine à conserver assez d'empire sur moi pour mettre quelque ordre dans mes idées ; et déjà je prévois que je ne finirai pas cette lettre, sans être obligé de l'interrompre.

Lettre 48, le vicomte de Valmont à la présidente de Tourvel.

a. Quels sont les liens entre ces deux lettres ?

....

....

....

....

....

....

....

a. Quelle est l'intention affichée de Valmont dans la lettre 48 ? Quelle est son intention réelle ? Soulignez dans les deux lettres les éléments qui se répondent.

- Intention affichée : ....

....

Intention réelle :

4 Le conte philosophique

Voltaire, *Candide* (1759)

Il y avait en Vestphalie, dans le château de monsieur le baron de Thunder-ten-tronckh, un jeune garçon à qui la nature avait donné les mœurs les plus douces. Sa physionomie annonçait son âme. Il avait le jugement assez droit, avec l'esprit le plus simple ; c'est, je crois, pour cette raison qu'on le nommait Candide.

a. Quels éléments rappellent le genre du conte ?

b. Quels éléments détournent les codes du genre ? Quel est l'effet produit ?

Repérer et analyser des figures de style

5 Le rythme du récit

Denis Diderot, *Jacques le Fataliste et son maître* (1796)

Jacques disait que son capitaine disait que tout ce qui nous arrive de bien et de mal ici-bas était écrit là-haut.
[…]
Après une courte pause, Jacques s'écria : Que le diable emporte le cabaretier et son cabaret !
Le maître. – Pourquoi donner au diable son prochain ? Cela n'est pas chrétien.
Jacques. – C'est que, tandis que je m'enivre de son mauvais vin, j'oublie de mener nos chevaux à l'abreuvoir. Mon père s'en aperçoit ; il se fâche. Je hoche de la tête ; il prend un bâton et m'en frotte un peu durement les épaules. Un régiment passait pour aller au camp devant Fontenoy ; de dépit je m'enrôle. Nous arrivons ; la bataille se donne.
Le maître. – Et tu reçois la balle à ton adresse.

a. Quel temps domine dans le récit de Jacques ? Quelle valeur a-t-il ?

b. Dans ce même récit, quelle observation pouvez-vous faire sur la longueur des phrases ?

c. Quel est l'effet produit par ces deux procédés ? Reliez-le au titre du roman.

Confronter une œuvre à son contexte

6 L'esclavage

Voltaire, *Dictionnaire philosophique portatif*, article « Esclaves » (1764-1771)

Voltaire parle d'un livre de son époque qui défend l'esclavage.

Dans ce livre on préfère hautement l'esclavage à la domesticité, et surtout à l'état libre de manœuvre[1]. On y plaint le sort de ces malheureux hommes libres, qui peuvent gagner leur vie où ils veulent, par le travail pour lequel l'homme est né, et qui est le gardien de l'innocence comme le consolateur de la vie. Personne, dit l'auteur, n'est chargé de les nourrir, de les secourir ; au lieu que les esclaves étaient nourris et soignés par leurs maîtres ainsi que leurs chevaux. Cela est vrai ; mais l'espèce humaine aime mieux se pourvoir que dépendre ; et les chevaux nés dans les forêts les préfèrent aux écuries.

1. ouvrier.

1685 : promulgation du Code noir autorisant la traite d'esclaves

1748 : Montesquieu, *De l'esprit des lois* (livre XV, chapitre 5 critiquant l'esclavage)

1757 : soulèvement d'esclaves au Surinam

1759 : Voltaire, *Candide* (chapitre 19 critiquant l'esclavage)

1848 : abolition de l'esclavage

a. Quel mouvement argumentatif suit ce paragraphe ? Soulignez les termes qui le prouvent.

b. L'auteur soutient-il la thèse avancée par l'auteur du livre ? Comment comprenez-vous l'expression soulignée ?

Le Romantisme

Origines du mouvement

- **Un mouvement européen**, né à la fin du XVIIIe siècle, s'inspirant du *Sturm und Drang* allemand (« tempête et passion »)
- **Origine du mot** : anglais *romantic* et allemand *romantisch*, qui désignent les émotions du lecteur de romans
- **Des principes** : une sensibilité et des émotions exacerbées, la liberté laissée à l'imagination et aux chimères, au cœur plutôt qu'à la raison
- **Des buts** : rompre avec les règles de l'esthétique classique, montrer les deux facettes de l'homme, sublime et grotesque

Francisco Hayez, *Le Baiser* (détail), 1859, bibliothèque de Brera, Milan (Italie).

Idées, thèmes et genres

Le « mal du siècle »

- une jeunesse marquée par les bouleversements politiques (Révolution, fin de l'Ancien Régime)
- tiraillement entre un passé aboli et des lendemains incertains
- nostalgie et mélancolie
- « vague des passions » : état d'âme d'une jeunesse désenchantée

Benjamin Constant, *Adolphe* (1816)
Alfred de Vigny, *Chatterton* (1835)
Alfred de Musset, *La Confession d'un enfant du siècle* (1836)

Un Moi exacerbé

- exaltation du moi, de la sensibilité, quête d'absolu
- la nature, refuge du moi : le paysage exprime un état d'âme
- poésie romantique : lyrisme porté par une nouvelle rythmique du vers, la ponctuation expressive, le retour de genres anciens (ode, ballade, sonnet…)
- roman et poésie autobiographiques : le récit de l'intime prend une valeur universelle

François-René de Chateaubriand, *René* (1802)
Alphonse de Lamartine, *Méditations poétiques* (1820)
Alfred de Musset, *Premières poésies* (1832)
Victor Hugo, *Les Contemplations* (1856)

L'imagination et l'évasion

- fascination pour le passé (Moyen Âge, début du XVIIe siècle) et pour l'ailleurs (Orient, mythes nordiques et germaniques…)
- romans historiques, pièces de théâtre qui exploitent ces décors

Walter Scott, *Ivanhoé* (1819)
Victor Hugo, *Notre-Dame de Paris* (1831)

L'engagement des artistes dans le siècle

- des artistes qui prennent part aux combats politiques (1848, IIe République), des œuvres-miroirs des événements historiques
- engagement dans des causes sociales : misère, inégalités, condition des femmes

Alexandre Dumas, *Le Comte de Monte-Cristo* (1845)
George Sand, *Indiana* (1832)
Victor Hugo, *Les Misérables* (1862)

Le drame romantique

- théâtre inspiré de Shakespeare et Schiller, par opposition au théâtre classique
- mélange de genres et tonalités (tragédie/comédie, sublime/grotesque, style noble/bas)
- choix de cadres historiques ou exotiques précis

Victor Hugo, *préface de Cromwell* (1827), *Hernani* (1830)

« le laid […] existe à côté du beau, le difforme près du gracieux, le grotesque au revers du sublime »

Alfred de Musset, *Lorenzaccio* (1834)

Carnet de lecture

Œuvre(s)/texte(s) du Romantisme lu(e)s :

....

....

....

Ce que j'ai retenu :

....

....

....

Phrases qui ont retenu mon attention :

....

....

....

Ce que j'ai aimé / Ce que je n'ai pas aimé :

....

....

....

Exercices

Repérer et analyser les principes du mouvement

1 La vérité dans l'art

Alfred de Vigny, préface de *Cinq-Mars* (1826)

À quoi bon les Arts s'ils n'étaient que le redoublement et la contre-épreuve de l'existence ? Eh ! bon Dieu, nous ne voyons que trop autour de nous la triste et désenchanteresse réalité : la tiédeur insupportable des demi-caractères, des ébauches de vertus et de vices, des amours irrésolus, des haines mitigées, des amitiés tremblotantes, des doctrines variables, des fidélités qui ont leur hausse et leur baisse, des opinions qui s'évaporent ; laissez-nous rêver que parfois ont paru des hommes plus forts et plus grands, qui furent des bons ou des méchants plus résolus ; cela fait du bien. Si la pâleur de votre vrai nous poursuit dans l'Art, nous fermerons ensemble le théâtre et le livre pour ne pas le rencontrer deux fois. Ce que l'on veut des œuvres qui font mouvoir des fantômes d'hommes, c'est, je le répète, le spectacle philosophique de l'homme profondément travaillé par les passions de son caractère et de son temps ; c'est donc la vérité, de cet homme et de ce temps, mais tous deux élevés à une puissance supérieure et idéale qui en concentre toutes les forces. On la reconnaît, cette vérité, dans les œuvres de la pensée, comme l'on se récrie sur la ressemblance d'un portrait dont on n'a jamais vu l'original ; car un beau talent peint la vie plus encore que le vivant.

a. Par quels noms et adjectifs l'auteur décrit-il la « réalité » ? Que refusent les romantiques ?

....

....

....

....

....

b. Soulignez les expressions qui renvoient au rêve et à l'imagination. Que recherchent les romantiques ?

....

....

2 Des artistes engagés

Victor Hugo, *Le Dernier Jour d'un condamné* (1829)

Mais, reprend-on, – il faut que la société se venge, que la société punisse. – Ni l'un, ni l'autre. Se venger est de l'individu, punir est de Dieu. La société est entre eux. Le châtiment est au-dessus d'elle, la vengeance au-dessous. Rien de si grand et de si petit ne lui sied. Elle ne doit pas « punir pour se venger » ; elle doit corriger pour améliorer.

a. À quel débat de l'époque ce texte renvoie-t-il ?

....

b. Quelles procédés d'écriture Hugo utilise-t-il pour appuyer sa thèse ?

....

....

....

....

....

c. Expliquez l'argument principal développé par Hugo.

....

....

....

....

....

Analyser les caractéristiques d'écriture des genres

3 Les tourments du Moi

Benjamin Constant, *Adolphe* (1816)

« Ellénore, lui écrivais-je un jour, vous ne savez pas tout ce que je souffre. Près de vous, loin de vous, je suis également malheureux. Pendant les heures qui nous séparent, j'erre au hasard, courbé sous le fardeau d'une existence que je ne sais comment supporter. La société m'importune, la solitude m'accable. Ces indifférents qui m'observent, qui ne connaissent rien de ce qui m'occupe, qui me regardent avec une curiosité sans intérêt, avec un étonnement sans pitié, ces hommes qui osent me parler d'autre chose que de vous, portent dans mon sein une douleur mortelle. Je les fuis ; mais, seul, je cherche en vain un air qui pénètre dans ma poitrine oppressée. Je me précipite sur cette terre qui devrait s'entrouvrir pour m'engloutir à jamais ; je pose ma tête sur la pierre froide qui devrait calmer la fièvre ardente qui me dévore. Je me traîne vers cette colline d'où l'on aperçoit votre maison ; je reste là, les yeux fixés sur cette retraite que je n'habiterai jamais avec vous [...]. »

a. Soulignez toutes les marques de la 1re personne. À quelles autres personnes le « je » s'oppose-t-il ?

....

....

....

b. Que ressent le personnage ? D'après vous, pour quelle(s) raison(s) ?

....

....

....

....

....

c. Quelle figure de style se retrouve dans les passages surlignés ? Que révèle-t-elle sur ce qu'Adolphe ressent ?

....

....

....

4 Le roman historique

Victor Hugo, préface de *Notre-Dame de Paris* (1831)

Il y a quelques années qu'en visitant, ou, pour mieux dire, en furetant Notre-Dame, l'auteur de ce livre trouva, dans un recoin obscur de l'une des tours, ce mot gravé à la main sur le mur :

ἈΝΆΓΚΗ[1].

[…] Il se demanda, il chercha à deviner quelle pouvait être l'âme en peine qui n'avait pas voulu quitter ce monde sans laisser ce stigmate de crime ou de malheur au front de la vieille église.

Depuis, on a badigeonné ou gratté (je ne sais plus lequel) le mur, et l'inscription a disparu. Car c'est ainsi qu'on agit depuis tantôt deux cents ans avec les merveilleuses églises du Moyen Âge. Les mutilations leur viennent de toutes parts, du dedans comme du dehors. Le prêtre les badigeonne, l'architecte les gratte, puis le peuple survient, qui les démolit.

1. mot grec pouvant se traduire par « fatalité ».

a. Quelle attitude des hommes face aux monuments du passé Hugo critique-t-il ? Qu'en déduisez-vous sur la fonction du roman historique ?

b. Quelle définition du roman historique pourriez-vous donner à partir de cette préface ?

Repérer et analyser des figures de style

5 La métaphore filée

Alfred de Musset, *Les Caprices de Marianne*, acte I, scène 1 (1833)

COELIO, *rentrant.* – Malheur à celui qui, au milieu de la jeunesse, s'abandonne à un amour sans espoir ! Malheur à celui qui se livre à une douce rêverie avant de savoir où sa chimère le mène et s'il peut être payé de retour ! Mollement couché dans une barque, il s'éloigne peu à peu de la rive, il aperçoit au loin des plaines enchantées, de vertes prairies et le mirage léger de son Eldorado. Les vents l'entraînent en silence et, quand la réalité le réveille, il est aussi loin du but où il aspire que du rivage qu'il a quitté ; il ne peut ni poursuivre sa route ni revenir sur ses pas.

a. À quoi est comparé l'homme qui aime sans espoir ?

b. Soulignez le champ lexical de l'illusion et surlignez celui du voyage en mer.

Confronter une œuvre à son contexte

6 La bataille d'*Hernani*

Théophile Gautier, *Histoire du romantisme* (1874)

Théophile Gautier se rappelle la première représentation du drame Hernani.

On parlait de cabales, d'intrigues ténébreusement ourdies, de guet-apens presque, pour assassiner la pièce et en finir d'un seul coup avec la nouvelle École. Les haines littéraires sont encore plus féroces que les haines politiques, car elles font vibrer les fibres les plus chatouilleuses de l'amour-propre, et le triomphe de l'adversaire vous proclame imbécile. […]

On ne pouvait cependant pas, quelque brave qu'il fût, laisser *Hernani* se débattre tout seul contre un parterre mal disposé et tumultueux, contre des loges plus calmes en apparence mais non moins dangereuses dans leur hostilité polie, et dont le ricanement bourdonne si importun au-dessous du sifflet plus franc, du moins, dans son attaque. La jeunesse romantique pleine d'ardeur et fanatisée par la préface de *Cromwell* […], s'offrit au maître qui l'accepta.

1827 : *Cromwell* et sa préface, manifeste du drame romantique

1829 : représentation de *Marion Delorme*, censure de la pièce par le pouvoir royal

25 février 1830 : 1re représentation d'*Hernani*

Février-juin 1830 : bataille d'*Hernani* (36 représentations, la plupart du temps chahutées)

27 juillet 1830 : ordonnances de Charles X, suspension de la liberté de la presse et rétablissement de la censure

27-29 juillet 1830 : journées d'insurrection (« Trois Glorieuses »), abdication du roi Charles X

a. Dans la première phrase du texte, quelle image est donnée des opposants à *Hernani* ?

b. Soulignez le champ lexical de la bataille dans le texte.

c. Pourquoi peut-on dire que le drame romantique a été une « révolution littéraire » ? Observez la chronologie pour répondre.

25

XIXe siècle

Le Réalisme

Origines du mouvement

- **Un mouvement** en réaction à l'idéalisme romantique, en peinture et en littérature
- **Une influence** : la science, fondée sur l'observation
- **Un principe** : rester fidèle au réel
- **Un but** : étudier les changements sociaux après les bouleversements du début du XIXe siècle

Gustave Caillebotte, *Rue de Paris, temps de pluie* (détail), 1877, Art Institute of Chicago (États-Unis).

Idées, thèmes et genres

Des sujets tirés de la vie réelle

- argent, ambition
- relations amoureuses, mariage et adultère
- transformations sociales et politiques
- vie parisienne et vie provinciale

Stendhal, *Le Rouge et le Noir* (1830)
Honoré de Balzac, *Le Colonel Chabert* (1832), *Le Médecin de campagne* (1833), *La Cousine Bette* (1846)

De nouveaux types de personnages

- description de toutes les classes sociales : aristocrates, bourgeois, paysans, commerçants, domestiques…
- personnages « types », représentatifs d'une catégorie (Goriot, chez Balzac, est le type du père dévoué)
- romans d'apprentissage montrant l'évolution du personnage au sein de la société
- *La Comédie humaine* de Balzac, cycle romanesque fondé sur le retour des personnages (Vautrin apparaît dans *Le Père Goriot*, puis dans *Illusions perdues*)

Honoré de Balzac, *Le Père Goriot* (1834), *Le Lys dans la vallée* (1836), *César Birotteau* (1837)
Gustave Flaubert, *L'Éducation sentimentale* (1869)
Guy de Maupassant, *Bel-Ami* (1885), préface de *Pierre et Jean* (1887)

« Faire vrai consiste donc à donner l'illusion complète du vrai, suivant la logique ordinaire des faits »

Le rôle de la description

- faire le portrait à la fois moral et physique des personnages
- décrire le cadre dans lequel évoluent les personnages (villes, maisons chez Balzac)
- créer un effet de réel
- se documenter de manière rigoureuse pour écrire (abondante documentation de Flaubert)
- dse rapprocher de l'esthétique de la peinture

Honoré de Balzac, *Eugénie Grandet* (1833)
Gustave Flaubert, *Madame Bovary* (1857)

Un regard pessimiste

- témoigner d'une société et de familles minées par l'argent et l'ambition
- critiquer la vision idéalisée de l'amour
- dépeindre l'échec et l'ennui
- présenter des personnages satiriques, à l'image de leur époque (portrait de Homais dans *Madame Bovary* de Flaubert)

Honoré de Balzac, *Illusions perdues* (1837-1843), *La Femme de trente ans* (1842)
Guy de Maupassant, *Pierre et Jean* (1887)

Carnet de lecture

Œuvre(s)/texte(s) réalistes lu(e)s : ……………………………

Ce que j'ai retenu : ……………………………

Phrases qui ont retenu mon attention : ……………………………

Ce que j'ai aimé / Ce que je n'ai pas aimé : ……………………………

Le Naturalisme

Marie Bashkirtseff, *Le Parapluie* (détail), 1883, Musée d'État russe, Saint-Pétersbourg (Russie).

Origines du mouvement

- **Un mouvement** héritier du Réalisme dont il reprend les principes et caractéristiques
- **Une figure majeure** : Émile Zola ; ses amis et lui écrivent ensemble *Les Soirées de Médan*
- **Une influence** : la médecine expérimentale de Claude Bernard, contemporain de Zola

Idées, thèmes et genres

Une démarche d'observation scientifique

- travailler, comme un médecin, à partir de cas exemplaires (observation, expérimentation, diagnostic)
- se rendre sur les lieux évoqués dans les romans (Zola visite une mine pour *Germinal*)
- mener un travail documentaire, une enquête
- la description : un outil pour caractériser le personnage et décrire son milieu (dans *La Curée*, Zola décrit les travaux d'Haussmann dans Paris)

Émile Zola, *Le Roman expérimental* (1880)

> « L'homme n'est pas seul, il vit dans une société, dans un milieu social [...]. Notre grande étude est là, dans le travail réciproque de la société sur l'individu et de l'individu sur la société. »

L'hérédité familiale et le milieu social

- influence des théories de la transmission de l'acquis par l'hérédité
- cycle romanesque qui suit une famille marquée par une même hérédité (Zola rassemble la plupart de ses romans sous le titre *Les Rougon-Macquart*)
- importance des pulsions, des « appétits »
- milieu social qui détermine le destin des personnages

Émile Zola, *Thérèse Raquin* (1867), *Les Rougon-Macquart* (1871-1893)

Montrer toute la société, y compris le peuple

Vaste fresque romanesque qui traverse toutes les classes sociales :

- personnages du peuple au destin tragique (la blanchisseuse Gervaise chez Zola, la servante Germinie chez les Goncourt)
- monde de la bourgeoisie et des affaires (Saccard dans *La Curée* de Zola)
- description du monde ouvrier (*Germinal* de Zola, *Les Sœurs Vatard* de Huysmans)
- description de la campagne (*La Terre* de Zola)

Edmond et Jules de Goncourt, *Germinie Lacerteux* (1865)

> « nous nous sommes demandé si ce qu'on appelle "les basses classes" n'avait pas droit au Roman ; si ce monde sous un monde, le peuple, devait rester sous le coup de l'interdit littéraire et des dédains d'auteurs qui ont fait jusqu'ici le silence sur l'âme et le cœur qu'il peut avoir »

Joris-Karl Huysmans, *Les Sœurs Vatard* (1879)

Carnet de lecture

Œuvre(s)/texte(s) naturalistes lu(e)s :

....

....

....

Ce que j'ai retenu :

....

....

....

Phrases qui ont retenu mon attention :

....

....

....

Ce que j'ai aimé / Ce que je n'ai pas aimé :

....

....

....

Repérer et analyser les principes des mouvements

1 L'écrivain réaliste, témoin de l'Histoire

Honoré de Balzac, *La Comédie humaine*, avant-propos (1842)

La Société française allait être l'historien, je ne devais être que le secrétaire. En dressant l'inventaire des vices et des vertus, en rassemblant les principaux faits des passions, en peignant les caractères, en choisissant les événements principaux de la Société, en composant des types par la réunion des traits de plusieurs caractères homogènes, peut-être pouvais-je arriver à écrire l'histoire oubliée par tant d'historiens, celle des mœurs. Avec beaucoup de patience et de courage, je réaliserais, sur la France au dix-neuvième siècle, ce livre que nous regrettons tous, que Rome, Athènes, Tyr, Memphis, la Perse, l'Inde ne nous ont malheureusement pas laissé sur leurs civilisations […].

a. Dans la 2e phrase de l'extrait, observez les participes : quelles indications sont données sur le travail du romancier ?

....

....

....

....

....

....

b. Quel est l'objectif de Balzac ?

....

....

....

....

....

2 Le travail de documentation

Gustave Flaubert, *Correspondance* (posth., 1973-2007)

1. Ce matin, j'ai été à un comice agricole dont j'en [*sic*] suis revenu mort de fatigue et d'ennui. J'avais besoin de voir une de ces ineptes cérémonies rustiques pour ma Bovary (dans la 2e partie). Lettre du 18 juillet 1852.

2. Que de mal j'aurai eu, mon Dieu ! que de mal ! que d'échignements et de découragements ! J'ai hier passé toute ma soirée à me livrer à une chirurgie furieuse. J'étudie la théorie des pieds bots[1]. J'ai dévoré en trois heures tout un volume de cette intéressante littérature et pris des notes.

1. déformation du pied.

Lettre du 7 avril 1854.

3. J'ai été aujourd'hui à Rouen, exprès, chez mon frère, avec qui j'ai longuement causé anatomie du pied et pathologie des pieds bots. […] Cela n'est pas facile, que de rendre littéraires et gais des détails techniques, tout en les gardant précis. Lettre du 18 avril 1854.

a. D'après ces lettres, comment l'écrivain se documente-t-il ?

....

....

....

....

....

b. Pourquoi peut-on parler d'une approche scientifique du travail littéraire ?

....

....

....

....

....

....

3 Le Naturalisme : une démarche scientifique

Émile Zola, *Le Roman expérimental* (1880)

Dès ce jour, la science entre donc dans notre domaine, à nous romanciers, qui sommes à cette heure des analystes de l'homme, dans son action individuelle et sociale […]. Nous faisons en quelque sorte de la psychologie scientifique, pour compléter la physiologie scientifique ; et nous n'avons, pour achever l'évolution, qu'à apporter dans nos études de la nature et de l'homme l'outil décisif de la méthode expérimentale. En un mot, nous devons opérer sur les caractères, sur les passions, sur les faits humains et sociaux, comme le chimiste et le physicien opèrent sur les corps bruts, comme le physiologiste opère sur les corps vivants.

a. Quel est le domaine d'étude du romancier naturaliste, selon Zola ?

....

....

....

....

....

....

....

....

b. Soulignez les passages dans lesquels le romancier compare son travail à celui des scientifiques.

c. Quel point commun pouvez-vous relever entre la démarche de Zola et celle de Balzac (exercice 1) ?

....

....

....

Analyser les caractéristiques d'écriture des genres

4 Le langage des différentes classes sociales

Edmond et Jules de Goncourt, *Germinie Lacerteux* (1865)

Le personnage principal, Germinie, attend son amant, qui rentre ivre.

Et presque tous les jours recommençait la même scène.
– Ah ! t'étais là, ma Germinie, disait-il en la reconnaissant. Voilà ce que c'est… je vais te dire… On s'est un peu submergé… Et mettant la clef dans la serrure : – Je vas te dire… C'est pas ma faute…
Il entrait, repoussait d'un coup de pied une tourterelle aux ailes rognées qui sautillait en boitant, et fermant la porte :
– Vois-tu ? Ce n'est pas moi… C'est Paillon, tu sais bien Paillon ?… ce petit gros qui est gras comme un chien de fou… Eh bien ! c'est lui, vrai d'honneur… Il a voulu me payer un litre à seize… Il m'a offert l'honnêteté, j'y ai roffert la politesse… Là-dessus naturellement, nous avons consolé notre café, consolé consoleras-tu !… Et d'alors en alors… nous nous sommes tombés dessus !… Un carnage de possédé !… À preuve que ce carcan de marchand de vin nous a jetés à la porte comme des épluchures d'homard !

a. Par quels procédés le récit reproduit-il le langage des classes populaires ?

....

....

....

....

....

....

....

b. Dans les paroles du personnage, quelle est la fonction des points de suspension ?

....

....

....

Repérer et analyser des figures de style

5 Le personnage naturaliste

Émile Zola, *La Bête humaine* (1890)

Le personnage, Jacques Lantier, essaie de contrôler ses pulsions criminelles.

Lui, à certaines heures, la sentait bien, cette fêlure héréditaire ; non pas qu'il fût d'une santé mauvaise, car l'appréhension et la honte de ses crises l'avaient seules maigri autrefois ; mais c'étaient, dans son être, de subites pertes d'équilibre, comme des cassures, des trous par lesquels son moi lui échappait, au milieu d'une sorte de grande fumée qui déformait tout. Il ne s'appartenait plus, il obéissait à ses muscles, à la bête enragée. Pourtant, il ne buvait pas, il se refusait même un petit verre d'eau-de-vie, ayant remarqué que la moindre goutte d'alcool le rendait fou. Et il en venait à penser qu'il payait pour les autres, les pères, les grands-pères, qui avaient bu, les générations d'ivrognes dont il était le sang gâté, un lent empoisonnement, une sauvagerie qui le ramenait avec les loups mangeurs de femmes, au fond des bois.

a. Quelle caractéristique du personnage naturaliste est mise en évidence par les passages surlignés ?

....

....

....

....

....

....

....

b. Observez les mots soulignés. Quelle figure de style caractérise le personnage ? Reliez-la au titre du roman.

....

....

....

....

....

Confronter une œuvre à son contexte

6 Un siècle de révolutions

Gustave Flaubert, *L'Éducation sentimentale* (1869)

Frédéric Moreau et son ami Hussonnet assistent au sac du palais des Tuileries, pendant la révolution de 1848.

Et poussés malgré eux, ils entrèrent dans un appartement où s'étendait, au plafond, un dais de velours rouge. Sur le trône, en dessous, était assis un prolétaire à barbe noire, la chemise entrouverte, l'air hilare et stupide comme un magot[1]. D'autres gravissaient l'estrade pour s'asseoir à sa place.
– Quel mythe ! dit Hussonnet. Voilà le peuple souverain !
Le fauteuil fut enlevé à bout de bras, et traversa toute la salle en se balançant.
– Saprelotte ! comme il chaloupe ! Le vaisseau de l'État est ballotté sur une mer orageuse ! Cancane[2]-t-il ! cancane-t-il !
On l'avait approché d'une fenêtre, et, au milieu des sifflets, on le lança.
– Pauvre vieux ! dit Hussonnet en le voyant tomber dans le jardin, où il fut repris vivement pour être promené ensuite jusqu'à la Bastille, et brûlé.

1. macaque, singe. 2. bouge comme s'il dansait le cancan.

Soulignez les passages au discours direct.
Quel regard Hussonnet pose-t-il sur les événements ?

....

....

....

....

....

....

....

....

....

XIXᵉ siècle

27 Le Parnasse

Origines du mouvement

- **Un mouvement** né en réaction au Romantisme, devant l'échec de ses engagements politiques
- **Une image** : le mont Parnasse, séjour mythique des Muses, lieu sacré des poètes
- **Une œuvre collective** : *Le Parnasse contemporain* (1866, 1869 et 1876), anthologie poétique
- **Des principes** : le refus du lyrisme personnel, un retour aux sources de la création poétique
- **Un but** : proposer une poésie ciselée et formellement exigeante

James Pradier, *Sapho*, 1852, musée d'Orsay, Paris.

Idées et thèmes

Une poésie impersonnelle

- une œuvre poétique qui doit être impersonnelle : refus du lyrisme et du pathétique, recherche de l'impassibilité
- refus de l'engagement politique en poésie

Théophile Gautier, préface de *Mademoiselle de Maupin* (1835)

« Il n'y a de vraiment beau que ce qui ne peut servir à rien ; tout ce qui est utile est laid »

Le poète et son inspiration

- recherche d'une beauté idéale
- poètes à la quête incomprise, se tenant à l'écart du monde moderne
- inspiration puisée dans les civilisations anciennes (histoire, mythologie) et les horizons exotiques (Grèce, Inde ancienne...)

Leconte de Lisle, *Poèmes antiques* (1852), *Poèmes barbares* (1862)

Sully Prudhomme, *Les Solitudes* (1869)

L'exigence formelle

- travail acharné du vers
- recours à des formes poétiques anciennes (ballades, rondeaux)
- prépondérance du sonnet
- formes contraignantes et exigeantes, pour accéder à la beauté idéale

Théodore de Banville, *Odes funambulesques* (1857), *Trente-six ballades joyeuses* (1873)

José Maria de Heredia, *Les Trophées* (1892)

L'Art pour l'Art

- valorisation de l'esthétique plutôt que du message
- culte absolu de l'art qui doit redonner sa grandeur à la poésie
- le travail poétique, proche de la peinture, de la sculpture, de l'orfèvrerie

Théophile Gautier, « L'Art », *Émaux et camées* (1852)

« Sculpte, lime, cisèle ;
Que ton rêve flottant
Se scelle
Dans le bloc résistant ! »

Carnet de lecture

Œuvre(s)/texte(s) parnassiens lu(e)s :

....

....

....

Ce que j'ai retenu :

....

....

....

Phrases qui ont retenu mon attention :

....

....

....

Ce que j'ai aimé / Ce que je n'ai pas aimé :

....

....

....

Le Décadentisme

28

Origines du mouvement

- **Un mouvement** qui naît d'un sentiment de déclin, lié à la défaite de 1870, la chute de l'Empire, la Commune
- **Un contexte** : ascension sociale d'une bourgeoisie matérialiste et conformiste ; pessimisme face aux progrès sociaux et techniques
- **Une image** : le dandy, qui fuit le monde dans le culte de l'art et de l'élégance
- **Des principes** : le rejet du Romantisme comme du Naturalisme, l'expression d'un désenchantement

Giovanni Boldini, *Portrait de John Singer Sargent* (détail), vers 1884, collection particulière.

Idées, thèmes et genres

Le désenchantement

- rejet du lyrisme et de l'engagement idéaliste des romantiques
- critique de l'esprit scientifique du Naturalisme
- déception face à la société matérialiste
- expression de l'insatisfaction de vivre, du mal-être

Auguste de Villiers de L'Isle-Adam, *Contes cruels* (1883)
Joris-Karl Huysmans, *À rebours* (1884)
Jules Laforgue, *Les Complaintes* (1885)

Une écriture en quête d'innovations formelles

- recherche d'images inattendues
- en poésie, recherche d'effets de dissonance (rythme, sonorités)
- écriture tantôt prosaïque, tantôt recherchée

Jules Laforgue, « Pierrots », *L'Imitation de Notre-Dame la Lune* (1886)

« C'est, sur un cou qui, raide, émerge
D'une fraise empesée idem,
Une face imberbe au cold-cream,
Un air d'hydrocéphale asperge. »

Charles Cros, *Le Collier de griffes* (1908, posth.)

Dérision et provocation

- œuvres teintées d'humour noir et d'ironie
- œuvres à dimension parodique
- inspiration poétique puisée dans le trivial et le quotidien
- goût pour la laideur et la provocation

Tristan Corbière, *Les Amours jaunes* (1873)
Charles Cros, *Le Coffret de santal* (1873)
Lautréamont, *Les Chants de Maldoror* (1874)
Jules Laforgue, *Les Moralités légendaires* (1887)

La figure du dandy

- personnage central des récits décadents
- figure élégante et raffinée
- être d'exception, aux marges de la société
- esthète exigeant et incompris

Jules Barbey d'Aurevilly, *Les Diaboliques* (1874)
Oscar Wilde, *Le Portrait de Dorian Gray* (1891)
Georges Rodenbach, *Bruges-la-Morte* (1892)

Carnet de lecture

Œuvre(s)/texte(s) du Décadentisme lu(e)s :

....

Ce que j'ai retenu :

....

Phrases qui ont retenu mon attention :

....

Ce que j'ai aimé / Ce que je n'ai pas aimé :

....

29 XIXe siècle

Le Symbolisme

Gustave Moreau, *Ange voyageur* (détail), XIXe siècle, musée Gustave Moreau, Paris.

Origines du mouvement

- **Un mouvement** influencé par la théorie des correspondances de Baudelaire (rapprochements d'images, de sensations, d'idées)
- **Des artistes** qui partagent une même sensibilité plus qu'une école
- **Un manifeste** : l'article « Le Symbolisme » de Jean Moréas (1886)
- **Une image** : le poète « voyant », à la recherche de la face cachée des choses
- **Des principes** : le rejet de l'esprit scientifique, le refus de l'Art pour l'Art jugé impersonnel et froid
- **Un but** : partir en quête d'un idéal poétique, « trouver une langue » (A. Rimbaud)

Idées et thèmes

Les images et les symboles

- le poète, un « voyant » qui modifie sa perception du monde par un « long, immense et raisonné *dérèglement de tous les sens* » (A. Rimbaud)
- transposition des visions du poète dans l'écriture
- des images (métaphores, allégories) pour traduire le monde intérieur du poète
- le symbole pour déchiffrer les mystères du monde
- utilisation de références mythologiques

Charles Baudelaire, « Correspondances » (1857)

> « La Nature est un temple où de vivants piliers
> Laissent parfois sortir de confuses paroles ;
> L'homme y passe à travers des forêts de symboles
> Qui l'observent avec des regards familiers. »

Arthur Rimbaud, « Lettre à Paul Demeny » (1871)
Maurice Maeterlinck, *Serres chaudes* (1889)

L'expression d'une sensibilité

- expression de la spiritualité du poète
- approche sensible et subjective du réel
- lyrisme souvent mélancolique et élégiaque
- exploration du rêve et de l'ailleurs

Paul Verlaine, *Poèmes saturniens* (1866), *Sagesse* (1880)
Arthur Rimbaud, *Illuminations* (posth., 1895)
Émile Verhaeren, *Les Flambeaux noirs* (1895)

L'expérimentation poétique

- variété des formes poétiques : vers, poème en prose, invention du vers libre
- déconstruction des vers classiques : alexandrin, décasyllabe
- recherche du mot rare, choisi pour son pouvoir suggestif
- travail sur de nouvelles typographies
- ambition de réinventer la langue pour la mettre au service de la poésie

Charles Baudelaire, *Petits poèmes en prose ou le Spleen de Paris* (1869)
Arthur Rimbaud, *Une saison en enfer* (1873)

> « J'écrivais des silences, des nuits, je notais l'inexprimable. Je fixais des vertiges. »

Stéphane Mallarmé, *Vers et prose* (1892), *Un coup de dés jamais n'abolira le hasard* (1897)

Une écriture musicale

- travail sur les sonorités
- importance du rythme et de la mélodie
- choix du vers impair pour plus de musicalité
- influence des genres musicaux (ex. : romance) sur les poètes, et des poètes sur les musiciens

Paul Verlaine, *Romances sans paroles* (1874), « Art poétique », *Jadis et naguère* (1884)

Carnet de lecture

Œuvre(s)/texte(s) symbolistes lu(e)s :

....

Ce que j'ai retenu :

....

Phrases qui ont retenu mon attention :

....

Ce que j'ai aimé / Ce que je n'ai pas aimé :

....

XXe siècle

Le Surréalisme

30

Origines du mouvement

- **Un mouvement** marqué par le traumatisme de la Première Guerre mondiale
- **Une influence scientifique** : les théories de Sigmund Freud sur l'inconscient
- **Des influences artistiques** : Guillaume Apollinaire, le groupe « Dada » qui rejette les conventions littéraires et les valeurs bourgeoises
- **Des principes** : le refus de la raison, de la logique, de la morale ; l'exploration de l'inconscient
- **Un but** : libérer l'imagination pour aller au-delà du réel, viser le « surréel »

Man Ray, *Indestructible objet*, 1923, collection particulière.

Idées, thèmes et genres

La force de l'inconscient

- exploration de tous les aspects de la pensée : rêve, folie, hallucination
- associations d'idées ou de mots dans la création artistique
- libération des contraintes par l'exploration de l'inconscient

André Breton, *Manifeste du surréalisme* (1924)

> « On raconte que chaque jour, au moment de s'endormir, Saint-Pol-Roux faisait naguère placer, sur la porte de son manoir de Camaret, un écriteau sur lequel on pouvait lire : LE POÈTE TRAVAILLE. »

Le rôle des images

- remettre en cause la perception et la compréhension du monde par les images
- supprimer le lien logique entre comparé et comparant
- susciter la réflexion et l'imagination du lecteur

André Breton, *Clair de terre* (1923)
Paul Eluard, *L'Amour la poésie* (1929)

> « Les guêpes fleurissent vert
> L'aube se passe autour du cou
> Un collier de fenêtres
> Des ailes couvrent les feuilles »

Une écriture libérée

- pratique d'une écriture automatique, libérée des filtres de la raison
- jeux poétiques et créations collectives (« cadavres exquis »)
- refus de la frontière entre genres (récit, poésie) et arts (littérature, peinture, cinéma...)
- le hasard, étape essentielle du processus créatif

Philippe Soupault, *Les Champs magnétiques* (1919)
Louis Aragon, *Le Paysan de Paris* (1926)

Une poésie de l'insolite

- faits insolites, coïncidences étranges
- goût de l'inattendu, de l'imaginaire
- introduction de l'étrange, du merveilleux, du fantastique au cœur du quotidien (ville moderne)
- descriptions de rêves et de fantasmes

André Breton, *Nadja* (1928)
Robert Desnos, *Corps et biens* (1930)

L'« amour fou »

- expression de l'amour dans toute sa sensualité
- réinvention du blason du corps féminin
- célébration de la femme, muse de l'artiste

Paul Eluard, *Capitale de la douleur* (1926)
André Breton, *L'Amour fou* (1937)

Carnet de lecture

Œuvre(s)/texte(s) surréalistes lu(e)s :

....

....

....

Ce que j'ai retenu :

....

....

....

Phrases qui ont retenu mon attention :

....

....

....

Ce que j'ai aimé / Ce que je n'ai pas aimé :

....

....

....

31

XXe siècle

La littérature engagée et l'Absurde

Jean-Paul Sartre à une manifestation, en 1967.

Origines des mouvements

- **Des mouvements** nés en réaction aux guerres mondiales et aux totalitarismes du XXe siècle
- **Un contexte économique et social** : révoltes populaires, révolution russe (1917), crise du capitalisme (1929), Front populaire (1936)
- **Une remise en question** d'une civilisation capable d'engendrer les horreurs de la guerre
- **Des buts** : s'interroger sur l'absurdité du monde et de l'existence, sur la part de liberté et de responsabilité de l'individu ; questionner le langage, les codes sociaux, les relations humaines

Idées, thèmes et genres

La condition humaine

- constat du vide de l'existence, de l'impuissance de l'être (philosophie existentialiste de Sartre)
- questionnement sur l'absurdité de la condition humaine
- interrogation sur la liberté

Albert Camus, *Caligula* (1938), *Le Mythe de Sisyphe* (1942)
Jean-Paul Sartre, *Huis clos* (1944), *L'Être et le Néant* (1943)

> « Est-ce que c'est possible qu'on soit un lâche quand on a choisi les chemins les plus dangereux ? Peut-on juger une seule vie sur un seul acte ? »

L'engagement dans l'écriture

- l'écriture comme acte de résistance
- révolte de l'individu devant l'absurdité du monde (Camus)
- la poésie comme expression de la liberté face au pouvoir
- mise en scène de la violence sociale ou du pouvoir politique pour mieux les dénoncer
- engagement politique (contre les totalitarismes ou la colonisation, pour la Résistance...)

Jean-Paul Sartre, *Les Mouches* (1943), *Les Mains sales* (1948)
Jean Anouilh, *Antigone* (1944)
Jean Genet, *Les Bonnes* (1947)

Le théâtre de l'Absurde

- traitement comique, grotesque de sujets graves (tragique de la condition humaine)
- fin du personnage, du réalisme et de l'action
- dérèglement de l'espace et du temps
- déconstruction du langage, inventions verbales...

Samuel Beckett, *Fin de partie* (1957)
Eugène Ionesco, *La Cantatrice chauve* (1950)

Le roman existentialiste et engagé

- récits de vies inutiles et dénuées de sens
- romans engagés contre le nazisme et le fascisme
- appel à la fraternité des hommes

André Malraux, *L'Espoir* (1937)
Jean-Paul Sartre, *La Nausée* (1938)
Albert Camus, *L'Étranger* (1942), *La Peste* (1947)

La poésie de la Résistance

- poésie de combat qui appelle à la lutte
- célébration de la France libre

Paul Eluard, « Courage » (1944)
Louis Aragon, « Strophes pour se souvenir » (1955)

Carnet de lecture

Œuvre(s)/texte(s) engagés ou de l'Absurde lu(e)s :

....

Ce que j'ai retenu :

....

Phrases qui ont retenu mon attention :

....

Ce que j'ai aimé / Ce que je n'ai pas aimé :

....

Repérer et analyser les principes des mouvements

1 L'existentialisme et le rôle de l'homme

Jean-Paul Sartre, *L'Existentialisme est un humanisme* (1945)

L'homme est responsable de ce qu'il est. Ainsi, la première démarche de l'existentialisme est de mettre tout homme en possession de ce qu'il est et de faire reposer sur lui la responsabilité totale de son existence. […]
L'homme est condamné à être libre. Condamné, parce qu'il ne s'est pas créé lui-même, et par ailleurs cependant libre, parce qu'une fois jeté dans le monde, il est responsable de tout ce qu'il fait. […]
Ce que dit l'existentialiste, c'est que le lâche se fait lâche, que le héros se fait héros ; il y a toujours une possibilité pour le lâche de ne plus être lâche, et pour le héros de cesser d'être un héros. Ce qui compte, c'est l'engagement total, et ce n'est pas un cas particulier, une action particulière, qui vous engagent totalement.

Complétez cette liste : pour chaque paragraphe, relevez une citation-clé, puis reformulez avec vos propres mots le principe existentialiste qu'elle illustre.

1er paragraphe

- Citation-clé : ……………………………………
- Principe de l'existentialisme (reformulez) : ……………………………………

2e paragraphe

- Citation-clé : ……………………………………
- Principe de l'existentialisme (reformulez) : ……………………………………

3e paragraphe

- Citation-clé : ……………………………………
- Principe de l'existentialisme (reformulez) : ……………………………………

2 La question de l'engagement

Albert Camus, *Combat, journal clandestin* (1944)

Ne dites pas : « Cela ne me concerne pas ; je suis chez moi avec ma famille, j'écoute tous les soirs la radio et je lis mon journal. » Car on viendra vous chercher sous le prétexte qu'un autre homme, à l'autre bout de la France, n'a pas voulu partir. On prendra votre fils que cela non plus ne concerne pas et on mobilisera votre femme qui croyait jusqu'ici qu'il s'agissait d'une affaire d'hommes. En vérité cela vous concerne et cela nous concerne tous. Car tous les Français aujourd'hui sont liés par l'ennemi dans de tels liens que le geste de l'un crée l'élan de tous les autres et que la distraction ou l'indifférence d'un seul fait la mort de dix autres.

a. Quelle(s) question(s) préoccupe(nt) Camus ? Comment implique-t-il le lecteur ?

……………………………………

b. Repérez les pronoms personnels utilisés. Quel est leur rôle ?

……………………………………

c. Quel est l'effet des répétitions ?

……………………………………

Analyser les caractéristiques d'écriture des genres

3 Le roman existentialiste

Albert Camus, *L'Étranger* (1942)

Aujourd'hui, maman est morte. Ou peut-être hier, je ne sais pas. J'ai reçu un télégramme de l'asile : « Mère décédée. Enterrement demain. Sentiments distingués. » Cela ne veut rien dire. C'était peut-être hier.
L'asile de vieillards est à Marengo, à quatre-vingts kilomètres d'Alger. Je prendrai l'autobus à deux heures et j'arriverai dans l'après-midi. Ainsi, je pourrai veiller et je rentrerai demain soir. J'ai demandé deux jours de congé à mon patron et il ne pouvait pas me les refuser avec une excuse pareille. Mais il n'avait pas l'air content. Je lui ai même dit : « Ce n'est pas de ma faute. » Il n'a pas répondu.

a. Dans cet *incipit* du roman, que raconte le personnage ? De quoi sommes-nous étonnés ?

……………………………………

b. Repérez-vous la présence d'un lexique de l'émotion ? Quel est l'effet produit ?

4 Les caractéristiques du théâtre de l'Absurde

1. Samuel Beckett, *En attendant Godot* (1952)

Route à la campagne, avec arbre.
Soir.
Estragon, assis sur une pierre, essaie d'enlever sa chaussure. Il s'y acharne des deux mains, en ahanant. Il s'arrête, à bout de forces, se repose en haletant, recommence. Même jeu.
Entre Vladimir.
ESTRAGON, *renonçant à nouveau.* – Rien à faire.
VLADIMIR, *s'approchant à petits pas raides, les jambes écartées.* – Je commence à le croire. *(Il s'immobilise.)* J'ai longtemps résisté à cette pensée, en me disant, Vladimir, sois raisonnable. Tu n'as pas encore tout essayé. Et je reprenais le combat. *(Il se recueille, songeant au combat. À Estragon.)* Alors, te revoilà, toi.
ESTRAGON. – Tu crois ?
VLADIMIR. – Je suis content de te revoir. Je te croyais parti pour toujours.
ESTRAGON. – Moi aussi.
VLADIMIR. – Que faire pour fêter cette réunion ? *(Il réfléchit.)* Lève-toi que je t'embrasse. *(Il tend la main à Estragon.)*
ESTRAGON, *avec irritation.* – Tout à l'heure, tout à l'heure.
Silence.

2. Eugène Ionesco, *La Cantatrice chauve, scène 1* (1950)

M. SMITH, *toujours avec son journal.* – Il y a une chose que je ne comprends pas. Pourquoi à la rubrique de l'état civil, dans le journal, donne-t-on toujours l'âge des personnes décédées et jamais celui des nouveau-nés ? C'est un non-sens.
MME SMITH. – Je ne me le suis jamais demandé !
Un autre moment de silence. La pendule sonne sept fois. Silence. La pendule sonne trois fois. Silence. La pendule ne sonne aucune fois.
M. SMITH, *toujours dans son journal* – Tiens, c'est écrit que Bobby Watson est mort.
MME SMITH. – Mon Dieu, le pauvre, quand est-ce qu'il est mort ?
M. SMITH. – Pourquoi prends-tu cet air étonné ? Tu le savais bien. Il est mort il y a deux ans. Tu te rappelles, on a été à son enterrement, il y a un an et demi.

a. Dans ces extraits, quels éléments pourraient définir le théâtre de l'Absurde ?

- Décor :
- Personnages :
- Accessoires :
- Action :
- Dialogue :

b. D'où provient le comique ?

Confronter une œuvre à son contexte

5 Le tragique de la condition humaine

Jean Anouilh, *Antigone* (1944)

Un décor neutre. Trois portes semblables. Au lever du rideau, tous les personnages sont en scène. Ils bavardent, tricotent, jouent aux cartes. Le Prologue se détache et s'avance.
LE PROLOGUE. – Voilà. Ces personnages vont vous jouer l'histoire d'Antigone. Antigone, c'est la petite maigre qui est assise là-bas, et qui ne dit rien. Elle regarde droit devant elle. Elle pense. Elle pense qu'elle va être Antigone tout à l'heure, qu'elle va surgir soudain de la maigre jeune fille noiraude et renfermée que personne ne prenait au sérieux dans la famille et se dresser seule en face du monde, seule en face de Créon, son oncle, qui est le roi. Elle pense qu'elle va mourir, qu'elle est jeune et qu'elle aussi, elle aurait bien aimé vivre. Mais il n'y a rien à faire. Elle s'appelle Antigone et il va falloir qu'elle joue son rôle jusqu'au bout …

a. Encadrez les éléments qui montrent que la tragédie est en marche.

b. Soulignez les expressions qui prouvent qu'Antigone ne pourra pas changer son destin.

c. La pièce est jouée en 1944. Qui Antigone pourrait-elle représenter dans ce contexte historique ?

Le Nouveau Roman

Delphine Seyrig dans *L'Année dernière à Marienbad*, film réalisé par Alain Resnais sur un scénario d'Alain Robbe-Grillet, 1961.

Origines du mouvement

- **Une aventure collective,** celle de jeunes auteurs rompant avec le roman réaliste pour s'engager dans et par l'écriture
- **Un mouvement** qui revendique le caractère essentiel du regard
- **Un principe** : l'expérimentation de formes nouvelles pour saisir la réalité autrement
- **Des buts** : inscrire dans l'écriture la complexité de l'homme et du monde contemporain

Idées et thèmes

La nouvelle logique narrative

- refus de l'intrigue linéaire, chronologie bouleversée
- fragmentation du récit
- contestation des codes de la description réaliste

Georges Perec, *La Vie mode d'emploi* (1978)
Marguerite Duras, *La Vie matérielle* (1987)

La mort du personnage

- disparition de la figure du héros
- anonymat ou identité incertaine des personnages
- données psychologiques fragmentaires
- omniprésence des objets

Alain Robbe-Grillet, *Les Gommes* (1953)
Nathalie Sarraute, *Martereau* (1953)

Le roman : une théorie en action

- évolution constante des formes d'écriture
- prise en charge d'une réflexion sur l'écriture par les romanciers eux-mêmes
- liens étroits avec les auteurs de la Nouvelle Critique
- engagement dans d'autres arts comme le cinéma

Nathalie Sarraute, *L'Ère du soupçon, essais sur le roman* (1956)
Alain Robbe-Grillet, *Pour un nouveau roman* (1972)

Le rôle central de l'écriture

- rejet des codes de l'écriture réaliste
- volonté de faire de l'écriture le sujet du roman
- expérimentations formelles
- exploitation des ressources du langage

Claude Simon, *La Route des Flandres* (1960)
Robert Pinget, *Clope au dossier* (1961)
Nathalie Sarraute, « Les deux réalités » (1964)

> « Plus la réalité que révèle l'œuvre littéraire est neuve, plus sa forme sera nécessairement insolite »

Le nouveau pacte de lecture

- effacement du narrateur
- enregistrement précis des perceptions
- retranscription du cheminement de la mémoire
- implication du lecteur qui doit construire le sens

Michel Butor, *La Modification* (1957)
Claude Simon, interview avec Claude Sarraute (1960), *Les Géorgiques* (1981)

> « Dans la mémoire, tout se situe sur le même plan : le dialogue, l'émotion, la vision coexistent. »

Carnet de lecture

Œuvre(s)/texte(s) appartenant au Nouveau Roman lu(e)s :
....
....
....

Ce que j'ai retenu :
....
....
....

Phrases qui ont retenu mon attention :
....
....
....

Ce que j'ai aimé / Ce que je n'ai pas aimé :
....
....
....

Repérer et analyser les principes du mouvement

1 L'aventure collective de jeunes auteur(e)s

Nathalie Sarraute, entretien avec Artur Portela (1962)

Il n'y a pas, à proprement parler, de mouvement du Nouveau Roman, si l'on entend, par là une école ou même un groupe élaborant un programme et une action commune. Il s'agit de romanciers qui travaillent dans des domaines très différents et cherchent dans des directions parfois opposées. Ce qui les unit c'est une attitude commune à l'égard des conventions romanesques, une conviction commune que l'art du roman, comme tout art, exige pour rester vivant un constant renouvellement de ses formes, et par conséquent de sa substance.

In Ann Jefferson, *Nathalie Sarraute*, 2019.

a. Surlignez les mots-clés qui définissent traditionnellement un mouvement littéraire.

b. Sur quelles oppositions le Nouveau Roman se construit-il ?

....

....

....

....

....

....

b. Pour Nathalie Sarraute, quelle est la caractéristique principale de l'art du roman ?

....

....

Analyser les caractéristiques d'écriture des genres

2 Regards sur les personnages

Alain-Robbe-Grillet, *Les Gommes* (1953)

Un gros homme est là debout, le patron, cherchant à se reconnaître au milieu des tables et des chaises. Au-dessus du bar, la longue glace où flotte une image malade, le patron, verdâtre et les traits brouillés, hépatique et gras dans son aquarium. De l'autre côté, derrière la vitre, le patron encore qui se dissout lentement dans le petit jour de la rue. C'est cette silhouette sans doute qui vient de mettre la salle en ordre ; elle n'a plus qu'à disparaître. Dans le miroir tremblote, déjà presque entièrement décomposé, le reflet de ce fantôme ; et au-delà, de plus en plus hésitante, la kyrielle[1] indéfinie des ombres : le patron, le patron, le patron... Le Patron, nébuleuse[2] triste, noyé dans son halo.

1. multitude. 2. amas diffus.

a. Surlignez les termes qui caractérisent le patron : quelles impressions se dégagent de ce portrait ?

....

....

....

....

b. Entourez les indications de lieu et dites sur quelles surfaces l'image du patron se reflète.

....

....

c. Quel effet visuel l'image « la kyrielle indéfinie des ombres » évoque-t-elle ? Par quel procédé l'image est-elle prolongée ?

....

....

....

....

....

Confronter une œuvre à son contexte

3 La prise de conscience d'une femme

Marguerite Duras, *La Vie matérielle* (1987)

En une matinée de cinq heures, elle fait le petit déjeuner des enfants, elle les lave, elle les habille, elle nettoie sa maison, elle fait les lits, elle fait sa propre toilette, elle s'habille, elle va faire les courses, elle fait la cuisine, elle met la table, en vingt minutes elle fait manger les enfants, elle hurle contre, elle les ramène à l'école, elle fait la vaisselle, elle fait la lessive et le reste, et le reste. Peut-être, vers trois heures et demie, pourrait-elle, pendant une demi-heure, lire un journal.

a. Par quels procédés (syntaxe, figures de style, formes verbales...) Duras montre-t-elle le caractère fastidieux, répétitif des tâches ménagères ?

....

....

....

....

....

....

....

....

b. Quel effet la proposition surlignée provoque-t-elle à la lecture ?

....

....

....

....

....

Le roman contemporain 33

Origines du mouvement

- **Des auteurs qui explorent toutes les formes romanesques** et souvent justifient leurs choix : roman social, historique, policier, voire graphique, autobiographie et autofiction
- **Un principe** : inscrire l'écriture du roman dans l'Histoire, dans la réalité sociale et politique du monde actuel
- **Des buts** : interroger les rapports entre mémoire personnelle et histoire collective, témoigner des problématiques contemporaines, « comprendre le monde » (M. Kundera)

Alain Demaria (Mehdi), Lola Créton (Suzanne) et Kamel Kadri (Marco) dans *Corniche Kennedy*, film réalisé par Dominique Cabrera d'après le roman de Maylis de Kerangal, 2016.

Idées et thèmes

L'importance accordée à l'Histoire

- importance de l'archive et de l'enquête généalogique
- interaction entre fiction et documentation historique
- quête de sens et de vérité
- souvent, présence d'un narrateur qui commente sa documentation et son projet d'écriture

Jorge Semprún, *L'Écriture ou la vie* (1994)
Alice Zeniter, *L'Art de perdre* (2017)

Les nouvelles formes de l'autobiographie

- détour par la fiction pour traduire une blessure intime originelle
- autobiographie sociologique pour comprendre un parcours social
- quête des origines pour combler un vide douloureux
- intégration au récit de supports variés, telles les photographies

Édouard Louis, *En finir avec Eddy Bellegueule* (2014)
Gaël Faye, *Petit pays* (2016)

La société et ses valeurs en question

- analyse de situations du monde contemporain
- volonté de donner une voix aux exclus
- remise en question d'une société matérialiste
- fictions tirées de faits réels

Maylis de Kerangal, *Corniche Kennedy* (2008)
Laurent Gaudé, *Les Oliviers du Négus* (2011)

> **« Qu'est-ce qu'un homme si ce n'est une accumulation d'histoires vécues, rapportées, imaginées, qui, mises bout à bout, finissent par faire une vie ? »**

Nicolas Mathieu, *Leurs enfants après eux* (2018)

L'essor du roman policier

- reconnaissance littéraire d'un genre considéré comme mineur à ses débuts
- héritage du roman réaliste : faits divers, effets de réel…
- interrogation de l'Histoire
- dimension ethnologique : représentations de sociétés et cultures différentes

Didier Daeninckx, *Meurtres pour mémoire* (1983)
Fred Vargas, *Dans les bois éternels* (2006)
Jean-Christophe Ruffin, *Le Suspendu de Conakry* (2017)

Carnet de lecture

Œuvre(s)/texte(s) romanesques contemporains lu(e)s : ……………………………………

Ce que j'ai retenu : ……………………………………

Phrases qui ont retenu mon attention : ……………………………………

Ce que j'ai aimé / Ce que je n'ai pas aimé : ……………………………………

Repérer et analyser les principes du mouvement

1 Des histoires pour écrire l'Histoire

Ivan Jablonka, *Histoire des grands-parents que je n'ai pas eus* (2012)

L'idée de prendre mes grands-parents comme objet d'étude remonte à 2007. Mon projet prend forme assez vite : je vais écrire un livre sur leur histoire, ou plutôt un livre d'histoire sur eux, fondé sur des archives, des entretiens, des lectures, une mise en contexte, des raisonnements sociologiques, grâce auxquels je vais faire leur connaissance. Récit de leur vie et compte rendu de mon enquête, ce livre fera comprendre, non revivre.

a. En quoi les deux expressions « un livre sur leur histoire » et « un livre d'histoire sur eux » expliquent-elles le projet d'écriture d'Ivan Jablonka ?

....

....

....

....

....

....

....

b. Surlignez les éléments qui renvoient à l'histoire privée de l'auteur et encadrez ceux qui précisent le caractère historique de sa recherche. Soulignez les propositions qui précisent le double objectif de son projet.

2 Histoire et déracinement

Gaël Faye, *Petit pays* (2016)

[Le narrateur, Gabriel, a dû s'exiler en France à l'âge de treize ans en raison du conflit ethnique opposant Tutsis et Hutus.]

Je n'habite plus nulle part. Habiter signifie se fondre charnellement dans la topographie d'un lieu, l'anfractuosité[1] de l'environnement. Ici, rien de tout ça. Je ne fais que passer. Je loge. Je crèche. Je squatte. Ma cité est dortoir et fonctionnelle. Mon appartement sent la peinture fraîche et le linoléum neuf. Mes voisins sont de parfaits inconnus, on s'évite cordialement dans la cage d'escalier. Je vis et travaille en région parisienne. Saint-Quentin-en-Yvelines. RER C. Une ville nouvelle, comme une vie sans passé. Il m'a fallu des années pour m'intégrer, comme on dit. Avoir un emploi stable, un appartement, des loisirs, des relations amicales.

1. cavité étroite.

a. Quel champ lexical repérez-vous dans la phrase surligné en orange ?

....

....

....

b. Qu'ont en commun les éléments surlignés en vert ?

....

....

....

....

....

c. En quoi le lien entre ces éléments permet-il de comprendre la 1re phrase ?

....

....

....

....

....

d. Nommez la figure de style surlignée en bleu. En quoi rend-elle compte de la vie du narrateur ?

....

....

....

....

Analyser les caractéristiques d'écriture des genres

3 La dénonciation du sort des exclus

Laurent Gaudé, *Eldorado* (2006)

Des migrants ont embarqué pour fuir la misère, en quête de l'« Eldorado ». Pendant leur traversée de la Méditerranée, ils font une tragique découverte.

Les cris avaient été poussés par deux jeunes Somalis. Ils s'étaient réveillés avant les autres et donnèrent l'alarme. L'équipage avait disparu. Ils avaient profité de la nuit pour abandonner le navire à l'aide de l'unique canot de sauvetage. La panique s'empara très vite du bateau. Personne ne savait piloter pareil navire. Personne ne savait, non plus, où l'on se trouvait. À quelle distance de la côte ? Ils se rendirent compte avec désespoir qu'il n'y avait pas de réserve d'eau ni de nourriture. Que la radio ne marchait pas. Ils étaient pris au piège. Encerclés par l'immensité de la mer. Dérivant avec la lenteur de l'agonie. Un temps infini pouvait passer avant qu'un autre bateau ne les croise. Les visages, d'un coup, se fermèrent. On savait que si l'errance se prolongeait, la mort serait monstrueuse. Elle les assoifferait. Elle les éteindrait. Elle les rendrait fous à se ruer les uns contre les autres.

a. Qu'est-ce qui souligne la cruauté de la découverte ? Observez notamment le temps des verbes.

....

....

....

....

....

....

b. Comment voit-on que les migrants passent de la panique au désespoir ?

c. Pourquoi peut-on qualifier la situation de tragique ?

Repérer et analyser des figures de style

4 Une écriture cinématographique

Maylis de Kerangal, *Corniche Kennedy* (2008)

Suzanne et Eddy ont pris la fuite en scooter. Ils sont poursuivis par Sylvestre Opéra, l'inspecteur qui surveille la bande de jeunes à laquelle ils appartiennent.

Une brise tiède montée du canyon souffle sur leur visage et dégage leur front. Les bouts rouges sont secs, le soleil force. Ils ont fait la route d'une traite – blanche corniche cossue, boulevard maritime desservant les plages, avenue rectiligne cadastrant les cités, rue de banlieue pavillonnaire, vieille départementale agreste hérissée d'affiches publicitaires, chemin communal frangé de mûriers platanes, sentier vicinal cahoteux fumant le plâtre au passage des deux-roues et goulet, donc –, ont roulé sans se parler mais gueulant parfois dans les virages, se sont frayés un passage dans le flot des véhicules qui leur faisait escorte et, le trafic s'amenuisant, ont accru leur vitesse car c'était leur plaisir, impatients qu'ils sont de s'avancer toujours plus vite et plus avant sur le front de la vie [...].

a. Sur quel type de plan cinématographique cet extrait pourrait-il s'ouvrir ?

b. Caractérisez l'atmosphère qui se dégage des deux premières phrases. Quel genre de film ce cadre évoque-t-il, selon vous ?

c. Quel rythme l'énumération entre tirets des lieux traversés donne-t-elle à la chevauchée des adolescents ? Quel type de montage pourrait en rendre compte, selon vous ?

Confronter une œuvre à son contexte

5 Le roman pour évoquer une génération

Nicolas Mathieu, *Leurs enfants après eux* (2018)

Anthony, adolescent de quatorze ans, s'apprête à « emprunter » la moto de son père pour se rendre à une soirée avec des amis.

Dans le garage, l'YZ[1] se trouvait à sa place habituelle, coincée dans le fond, derrière la vieille table de ping-pong. Après avoir soigneusement plié la bâche qui la protégeait, Anthony renifla la bonne odeur de carburant, palpa les roues crantées. C'était un modèle de 82, rouge et blanc, qui portait le numéro 16. Son père avait fait un peu de compétition autrefois. Quand il était bien luné, il lui laissait faire des tours dans le quartier. [...] Un jour, c'est clair, il aurait sa bécane à lui. Dans sa tête, cette idée fixe se mêlait à des images de bord de mer, de couchers de soleils, de filles en maillot, des morceaux d'Aerosmith[2].

1. moto de cross japonaise. 2. groupe de rock américain des années 1970.

a. Quels indices du texte permettent de situer la période où se déroulent les événements ?

b. Par quels procédés le narrateur souligne-t-il la passion du personnage pour la moto ?

c. En quoi le langage du personnage permet-il d'évoquer son univers et ses relations à sa famille ?

34

XXe-XXIe siècles

La poésie depuis 1945

Origines du mouvement

- **Un contexte historique** : la Seconde Guerre mondiale, la décolonisation
- **Un contexte culturel** : des revues qui diffusent et publient des poètes aux parcours variés
- **Des principes** : une prise de distance avec les positions esthétiques et politiques du Surréalisme, des interrogations sur la force et le sens du langage
- **Des buts** : porter de nouvelles revendications, explorer le langage pour le célébrer, le réinventer ou le mettre à distance

Constantin Brancusi, *La Muse endormie*, 1910, centre Georges-Pompidou, Paris.

Idées et thèmes

Une poésie engagée

- s'engager pour réveiller les consciences (ex. : poésie de la Résistance)
- valoriser les cultures africaines et créoles, œuvrer pour l'indépendance des colonies : le courant de la négritude
- contester par l'humour et la dérision

Aimé Césaire, *Cahier d'un retour au pays natal* (1939)
Paul Eluard, *Les Sept Poèmes d'amour en guerre* (1943)
Louis Aragon, *Le Musée Grévin* (1944)
Léopold Sédar Senghor, *Chants d'ombre* (1945)
Jacques Prévert, *Paroles* (1946)

Une poésie sensible au banal, au quotidien

- poésie de l'objet qui accorde une grande place au trivial
- description de la ville au quotidien
- attention portée aux paysages les plus ordinaires

Francis Ponge, *Le Parti pris des choses* (1942)
Jacques Réda, *Les Ruines de Paris* (1977)
Yves Bonnefoy, *Les Planches courbes* (2001)

Une écriture libre et parfois ludique

- diversité des formes poétiques : formes fixes, vers libres, prose, fragments
- textes poétiques entre le carnet, le poème et le journal
- détournement des formes classiques, parfois parodique
- jeux avec les contraintes formelles (ex. : poèmes de l'OuLiPo)

Raymond Queneau, *Cent mille milliards de poèmes* (1961)
Jacques Réda, *Retour au calme* (1989) : formes versifiées

La permanence des thèmes lyriques

- thèmes traditionnels de l'amour et de la nature
- expérience du manque et du deuil
- lyrisme marqué par la simplicité
- pour certains auteurs, retour à une métrique presque classique

René-Guy Cadou, *Hélène ou le règne végétal* (1952-1953)
Saint-John Perse, *Amers* (1957)
Philippe Jaccottet, *À travers un verger* (1990)
Jean-Michel Maulpoix, *L'Instinct de ciel* (2000)

Une réflexion sur le langage et l'écriture poétique

- méfiance de certains poètes envers l'emphase du lyrisme
- prise de conscience des limites du langage
- écriture réflexive qui s'interroge sur elle-même

Jean-Michel Maulpoix, *Pour un lyrisme critique* (2009)

Carnet de lecture

Œuvre(s)/texte(s) poétiques d'après 1945 lu(e)s :

....

....

....

Ce que j'ai retenu :

....

....

....

Phrases qui ont retenu mon attention :

....

....

....

Ce que j'ai aimé / Ce que je n'ai pas aimé :

....

....

....

Le théâtre contemporain 35

Incendies de Wajdi Mouawad, mise en scène de Stanislas Nordey, théâtre d'Ivry Antoine-Vitez, 2012.

Origines du mouvement

- **Une volonté** d'explorer de nouvelles voies après le théâtre de l'Absurde et engagé
- **Un contexte** de multiplication des théâtres (décentralisation culturelle), un désir d'indépendance des troupes
- **Des innovations techniques** : éclairage, arts numériques… permettant des créations spectaculaires
- **Un principe** : affirmer la liberté des troupes et du metteur en scène
- **Des buts** : libérer la création, toucher un large public, retrouver un travail sur le texte

Idées et thèmes

L'exploration verbale

- jeu sur le langage : dialogues loufoques, homophones, tics de langue…
- création de langues : fabrication de mots, jeu festif sur les sons
- dimension comique et satirique, mais aussi politique

Valère Novarina, *L'Atelier volant* (1974)
Roland Dubillard, *Les Diablogues* (1976)
Gildas Bourdet, *Le Saperleau* (1982)
Jean Tardieu, *La Comédie du langage* (1987)
Jean-Claude Grumberg, *Ça va ?* (2008)

L'espace scénique et le jeu de l'acteur

- développement des festivals pour un théâtre populaire (ex. : Avignon)
- développement du théâtre de rue (festival d'Aurillac)
- lieux originaux : entrepôts, gares, chapelles, etc., pour des espaces scéniques novateurs
- contact direct avec le public et vie de troupe (ex. : le Théâtre du Soleil)
- théâtre politique subversif qui fait participer le public
- insistance sur le travail du corps, du jeu de l'acteur

Valère Novarina, « Lettre aux acteurs » (1989)

> **« jouer c'est avoir sous l'enveloppe de peau, l'pancréas, la rate, le vagin, le foie, le rein et les boyaux, […] tout le corps sans nom, tout le corps caché, tout le corps sanglant, invisible, irrigué, réclamant, qui bouge dessous, qui s'ranime, qui parle »**

Augusto Boal, *Le Théâtre de l'opprimé* (1996)
Jacques Lecoq, *Le Corps poétique* (1997)
Ariane Mnouchkine et le Théâtre du Soleil, *Une chambre en Inde* (spectacle – 2016)

Ma maison en l'air, spectacle de Jisoo Yoo, festival de théâtre de rue d'Aurillac, 2019.

Ana Borralho et João Galante, *Atlas*, projet de théâtre participatif avec cent habitants d'une ville, 2019.

Des textes qui explorent l'intime

- retour à un théâtre de texte, pour créer une poétique de la langue
- exploration de l'intime
- sujets universels : famille, désir, violence, maladie, mort
- retour aux textes antiques qui sont remis en scène
- réécritures de mythes ou de pièces classiques

Bernard-Marie Koltès, *Combat de nègre et de chiens* (1979)
Jean-Luc Lagarce, *Juste la fin du monde* (1990)
Joël Jouanneau, *Sous l'œil d'Œdipe* (2009)
Mohamed El Khatib, *Finir en beauté* (2016)

Des témoignages du monde contemporain

- interrogations sur les dérives du monde contemporain : argent, travail, exclusion
- théâtre documentaire
- témoignages sur des épisodes sanglants du XXe siècle (génocide rwandais, guerre du Liban)
- mises en scène du quotidien (vie des quartiers)

Jean-Claude Grumberg, *L'Atelier* (1979)
Collectif Groupov, *Rwanda 94* (2000)
Wajdi Mouawad, *Incendies* (2003)
Alexandra Badea, *Pulvérisés* (2012)
Ahmed Madani, *F(l)ammes* (2016)

Un renouvellement du spectacle théâtral

- l'interprétation du texte, véritable création du metteur en scène
- collaboration entre auteur et metteur en scène
- influence des innovations techniques : projecteurs programmés, caméra sur scène
- croisement des arts (arts plastiques, musique, danse, arts numériques...)
- écriture de plateau, création à partir de brouillons et d'improvisations
- théâtre participatif : mélange de comédiens et d'amateurs, interpellation du public

Thomas Vinterberg, Mogens Rukov, *Festen* (2003) : dans la mise en scène de Cyril Teste en 2017, la pièce, « performance filmique », est jouée, filmée et projetée en direct sous les yeux du public
Joël Pommerat, *Ça ira (1) : Fin de Louis* (2015)
Catherine Anne, *J'ai rêvé la révolution* (2018)
Laurent Gaudé, *Nous, l'Europe, banquet des peuples* (2019)

Carnet de lecture

Œuvre(s)/texte(s) de théâtre contemporain lu(e)s :

....

....

....

Ce que j'ai retenu :

....

....

....

Phrases qui ont retenu mon attention :

....

....

....

Ce que j'ai aimé / Ce que je n'ai pas aimé :

....

....

....

Repérer et analyser les principes du mouvement

1 Jouer avec l'espace

Le Théâtre du Soleil, *1793*, mise en scène d'Ariane Mnouchkine, 1972.

a. Où se trouvent les comédiens et le public ? Sont-ils dans un théâtre ?

....

b. En quoi cette disposition répond-elle au sujet de la pièce, ci-dessous ?

RÉSUMÉ La pièce met en scène les événements de 1793, après la chute de la royauté en 1792, vus à travers le peuple de Paris qui se rassemble en réunions de quartiers.

....

c. Quel est le rôle du public ? Comment est-il inclus dans le spectacle ?

....

Analyser les caractéristiques d'écriture des genres

2 La tragédie contemporaine

Bernard-Marie Koltès, *Roberto Zucco*, **tableau III** (1989)

Entre le Père. Il traverse la cuisine comme la première fois et disparaît.
LE FRÈRE. – Aide-moi ma sœur, aide-moi. Tu es plus forte que moi. Je ne supporte pas les malheurs.
LA SŒUR. – Personne ne supporte le malheur.
LE FRÈRE. – Partage-le avec moi.
LA SŒUR. – Je déborde déjà.
LE FRÈRE. – Je vais boire un coup. *(Il sort.)*
Le Père revient.
LE PÈRE. – Tu pleures, ma fille ? J'ai cru entendre quelqu'un pleurer. *(La sœur se lève.)*
LA SŒUR. – Non. Je chantonne. *(Elle sort.)*
LE PÈRE. – Tu as bien raison. Cela éloigne le malheur. *(Il sort.)*
Au bout d'un moment, la gamine sort de dessous la table, s'approche de la fenêtre, l'entrouvre, fait entrer Zucco.

a. Observez les répétitions du mot « malheur ». Quel sentiment envahit les personnages ? Quelle tonalité marque l'extrait ?

....

b. Dans la dernière didascalie (l. 14-15), repérez les deux nouveaux personnages. Quel verbe contredit la réplique du Père ? Que symbolise alors Zucco ?

....

Confronter une œuvre à son contexte

3 La mondialisation du travail

Alexandra Badea, *Pulvérisés*, **scène 4** (2012)

INGÉNIEUR D'ÉTUDES ET DÉVELOPPEMENT, BUCAREST (F[1])
[...] Après tu sors[2] et tu t'habilles
Rouge et noir aujourd'hui
Le rouge dynamise et aujourd'hui tu as besoin de dynamique
Tu attends cette étude technique avec le partenaire français depuis trois mois
T'as tout bien préparé et pourtant là tu as peur
Et surtout tu as peur de propager tes peurs /
Le slogan de l'unité de recherche siffle dans ta tête
Tendre vers l'excellence
Tu appliques trois couches de fond de teint en insistant bien sur les cernes
Et tu le répètes à voix basse
Tendre vers l'excellence /

1. femme. 2. de la douche.

Surlignez le champ lexical de la performance, puis soulignez les expressions suggérant la fatigue et la tension. Quelle image du travail se dessine ici ?

....

36 Autour du mot

La formation des mots

Par dérivation

Ajout au **radical** :
- de préfixes (précisent le sens) ;
- de suffixes (donnent la classe grammaticale, parfois le genre).

Ex. : agréable, agrément, agrémenter.

Par composition

- **Association de** :
  – **mots français** (composition populaire) ;
  – **radicaux grecs** ou **latins** (composition savante).
- Ils sont soudés ou reliés par un trait d'union ou une préposition.

Ex. : autrefois, madame, trait d'union, arc-en-ciel, toponyme, omniscient.

Le sens des mots

Polysémie

Les mots ont plusieurs sens, notamment sens **propre** et sens figuré.

*Ex. : rugueux → **rude au toucher** ; rugueux → brusque, brutal.*

Dénotation/connotation

Tout mot a :
- une **dénotation** (sens littéral) ;
- une **connotation** : mélioratif, familier, etc.

Ex. : peuple → corps social ; populace → corps social ; terme péjoratif.

Les relations de sens

Synonymes/antonymes

- **Synonymes** : mots de même classe, sens proche. *Ex. : démocratique = égalitaire.*
- **Antonymes** : mots de même classe, sens contraire. *Ex. : démocratique ≠ totalitaire.*

Termes génériques/spécifiques

- **Termes génériques** : groupe, ensemble. *Ex. : mobilier.*
- **Termes spécifiques** : élément précis du groupe. *Ex. : chaise, bureau, table.*

Champ lexical

Ensemble de mots ayant un thème en commun.

Ex. : champ lexical du livre → publier, chapitre, érudit, paraître...

La forme et le sens

Homonymes/paronymes

- **Homonymes** (ou homophones) : mots de même prononciation. *Ex. : air/ère.*
- **Paronymes** : mots de prononciation proche. *Ex. : important/importun.*

Exercices

1 Identifier un radical ★

a. Les mots réunis dans ces séries possèdent un radical commun. Surlignez-le, puis indiquez entre parenthèses la classe grammaticale de chaque mot.

b. Ajoutez à chaque liste un adjectif formé sur le même radical.

1. vocalise (....................) • vociférer (....................) • vocalement (.................) • .... (adjectif).

2. censure (....................) • recenser (....................) • censément (.................) • .... (adjectif).

3. affronter (....................) • frontière (....................) • effrontément (.................) • .... (adjectif).

4. temporiser (....................) • temps (....................) • temporairement (.................) • .... (adjectif)

2 Déterminer le sens d'un préfixe ★

a. Entourez le préfixe commun à chaque couple de mots. Quel est son sens ?

b. Formez un autre mot possédant le même préfixe.

1. accourir • attirer ➔ sens du préfixe : .... ➔ autre mot : ....

2. enlèvement • emporter ➔ sens du préfixe : .... ➔ autre mot : ....

3. parfait • pardonner ➔ sens du préfixe : .... ➔ autre mot : ....

4. inné • invasion ➔ sens du préfixe : .... ➔ autre mot : ....

5. imprévu • inexpérimenté ➔ sens du préfixe : .... ➔ autre mot : ....

3 Déterminer le rôle et le sens des suffixes ★

Formez deux noms avec chaque suffixe de la liste 1, deux adjectifs avec chaque suffixe de la liste 2.

1. -age : .... • -ateur, -atrice : ....
.... • -elet, -elette : .... •
-ation, -tion : .... • -isme : ....
.... • -ose : ....

2. -ible : .... • -el, -elle : ....
.... • -eux, -euse : .... •
-ais, -aise : .... • -oire : ....
.... • -al, -ale : ....

4 Reconnaître la présence de mots latins dans la langue française ★ ★

a. Les mots de la liste 1 sont repris du latin : ce sont des emprunts. À l'aide d'un dictionnaire ou d'Internet, associez chacun à sa traduction en français, dans la liste 2.

1. agenda • aléa • alibi • constat • idem • lapsus • lavabo • maximum • veto.

2. ailleurs • également • glissement • il est établi, il est clair • je laverai • je m'oppose • jeu de dés • les choses à faire • le plus grand.

....
....
....
....

b. Trouvez au moins dix autres mots latins employés en français.

....
....
....

5 Commenter les oppositions ★ ★

Joachim du Bellay, *Les Regrets* (1558)

J'aime la liberté et languis en service,
Je n'aime point la cour et me faut courtiser,
Je n'aime la feintise, et me faut déguiser,
J'aime simplicité et n'apprends que malice :
Je n'adore les biens et sers à l'avarice,
Je n'aime les honneurs, et me les faut priser,
Je veux garder ma foi, et me la faut briser,
Je cherche la vertu, et ne trouve que vice [...].

Orthographe modernisée par les auteurs.

a. Surlignez les antonymes dans ce texte. Quelles autres figures d'opposition trouvez-vous ?

....
....
....
....
....
....
....
....

b. Quelle image du poète ces procédés forment-ils ?

....
....
....
....

6 Étudier la polysémie ★ ★

Molière, *L'École des Femmes, acte II, scène 5* (1662)

Horace, amoureux de la naïve Agnès, envoie une messagère lui déclarer son amour. Agnès raconte cet échange.

Agnès. – [...] « Et vous devez savoir que vous avez blessé
Un cœur qui de s'en plaindre est aujourd'hui forcé. » [...]
« Moi, j'ai blessé quelqu'un ! fis-je toute étonnée.
– Oui, dit-elle, blessé, mais blessé tout de bon ;
Et c'est l'homme qu'hier vous vîtes du balcon.
– Hélas ! qui pourrait, dis-je, en avoir été cause ?
Sur lui, sans y penser, fis-je choir quelque chose ?
– Non, dit-elle, vos yeux ont fait ce coup fatal,
Et c'est de leurs regards qu'est venu tout son mal.
– Hé ! mon Dieu ! ma surprise est, fis-je, sans seconde :
Mes yeux ont-ils du mal, pour en donner au monde ? »

a. Quelle est la cause de la plainte adressée par Horace à Agnès ? Relevez l'expression qui la présente.

....

b. Quel sens chacun des personnages attribue-t-il à cette expression ?

....
....
....
....
....
....
....

c. Comment le public réagit-il à ce dialogue ?

....
....
....
....
....
....
....
....
....

37 Natures et fonctions

	Les natures des mots (classes grammaticales)	Exemples
Mots variables	➡ **Verbe**	➡ *manger, attendit, respire, eu, lisant, sois*
	➡ **Nom** : s'accorde en genre et nombre	➡ *Louise, Joachim (noms propres) / poète, poétesse*
	➡ **Adjectif** : s'accorde avec un nom ou équivalent	➡ *rouge, petit, brillant, littéraire, facile*
	➡ **Déterminant** : article (défini, indéfini, partitif) / possessif / démonstratif / interrogatif / relatif / numéral / indéfini	➡ *le, une, du / sa / cet / quel + nom ? / lequel + nom / huit / quelque*
	➡ **Pronom** : personnel / possessif / démonstratif / interrogatif / relatif / numéral / indéfini	➡ *lui / le sien / celui-là / qui ? / que / le huitième / tous*
Mots invariables	➡ **Interjection** : mot expressif dont l'**onomatopée** qui imite le bruit.	➡ *ah ! hélas ! oh la la ! boum, miaou*
	➡ **Préposition** : introduit un mot ou un groupe de mots	➡ *à, dans, par, pour, en, vers, avec, sans, sous*
	➡ **Adverbe** : indiquant la circonstance / connecteur / interrogatif, exclamatif	➡ *vite, fortement / par conséquent / combien ?*
	➡ **Conjonction** : – de coordination – de subordination	➡ *– mais, ou, et, donc, or, ni, car* *– que, quand, comme, si, parce que*

Remarque On distingue aussi des groupes de mots :
- **le groupe nominal** (GN), formé autour d'un nom
- **le groupe adjectival**, formé autour d'un adjectif
- **le groupe prépositionnel**, introduit par une préposition
- **le groupe infinitif**, **le groupe participial**, formés autour d'un infinitif ou d'un participe
- **la proposition**, qui contient au moins un verbe et son sujet → **fiche 42, p. 84**

	Les fonctions	Exemples
Autour du nom : les expansions du nom	➡ **Épithète** : adjectif ou GN à côté du nom, proposition subordonnée relative	➡ *C'est la* ***fameuse*** *poétesse. C'est la rue* ***Louise Labé****. C'est la poétesse* ***qui a vécu à Lyon****.*
	➡ **Complément du nom (CDN)** : groupe prépositionnel, placé à côté du nom et qui lui apporte une précision	➡ *C'est une poétesse* ***de la Renaissance****.*
	➡ **Apposition** : apporte une précision à un nom ou GN, séparée par une virgule	➡ *Louise Labé,* ***une grande lectrice****, s'est inspirée des poètes latins.*
Autour du verbe	➡ **Sujet** : répond à la question *qu'est-ce* ***qui*** + verbe ?	➡ ***Louise Labé*** *est une poétesse de la Renaissance.*
	➡ **Attribut du sujet** : après un verbe d'état ou attributif	➡ *C'est* ***une grande poétesse****. Elle est* ***lyonnaise****.*
	➡ **Complément d'objet direct (COD)** : répond à la question *qu'est-ce* ***que*** **+ sujet** + verbe ?	➡ *Je lis* ***ses poèmes****. Je veux* ***en savoir plus sur elle****. Je* ***les*** *lis.*
	➡ **Attribut du COD** : après un verbe comme *déclarer, juger*... qui a déjà un COD.	➡ *Les lecteurs trouvent ses poèmes* ***fascinants****.*
	➡ **Complément d'objet indirect (COI)** : répond à la question ***à/de*** *quoi/qui* + **sujet** + verbe ?	➡ *Son style* ***me*** *plaît. Je pense* ***à ses poèmes****.*
	➡ **Complément circonstanciel (CC)** : supprimable, déplaçable, précise le temps, le lieu, la manière...	➡ *J'en ai lu trois* ***l'an dernier*** *(CC de temps)* ***avec plaisir*** *(CC de manière).*
	➡ **Complément d'agent** : complète un verbe au passif	➡ *Son œuvre a été diffusée* ***par d'autres poètes****.*
Autres	➡ **Complément de l'adjectif** : ajoute une précision à un adjectif.	➡ *Je ne trouve pas ses poèmes faciles* ***à lire****.*
	➡ **Apostrophe** : sert à interpeller quelqu'un ou quelque chose.	➡ ***Louise****, à qui parles-tu ?*

Exercices

1 Déterminer la nature des mots ★

François-René de Chateaubriand, *René* (1802)

Cependant, plein d'ardeur, je m'élançai seul sur cet orageux océan du monde, dont je ne connaissais ni les ports, ni les écueils. Je visitai d'abord les peuples qui ne sont plus ; je m'en allai m'asseyant sur les débris de Rome et de la Grèce.

a. Classez les mots soulignés selon leur nature (ou classe grammaticale).

- Noms : ....
- Adjectifs : ....
- Verbes : ....
- Déterminants : ....

- Pronoms : ....
- Adverbes : ....
- Prépositions : ....
- Conjonctions : ....

b. Remplacez le sujet des verbes par le pronom « elle » et effectuez tous les changements attendus.

....

....

....

....

....

....

....

2 Étudier les pronoms personnels ★

Victor Hugo, *Claude Gueux* (1834)

Voyez Claude Gueux. Cerveau bien fait, cœur bien fait, sans nul doute. Mais le sort le met dans une société si mal faite, qu'il finit par voler ; la société le met dans une prison si mal faite, qu'il finit par tuer. Qui est réellement coupable ? Est-ce lui ? Est-ce nous ? Questions sévères, questions poignantes, qui sollicitent à cette heure toutes les intelligences, qui nous tirent tous tant que nous sommes par le pan de notre habit, et qui nous barreront un jour si complètement le chemin, qu'il faudra bien les regarder en face et savoir ce qu'elles nous veulent.

a. Surlignez les pronoms personnels. Qui désignent-ils ?

....

....

....

....

....

....

....

b. Transformez le texte, jusqu'à « Est-ce nous » (l. 5), en imaginant que Claude Gueux est une femme.

....

....

....

....

....

....

....

c. Classez les pronoms surlignés selon leur fonction.

- Sujet : ....
- Attribut du sujet : ....
- COD : ....
- COI : ....

3 Analyser la fonction de groupes ★

Théophile Gautier, *Histoire du romantisme* (1874)

Heureusement Gérard de Nerval, avec qui nous avions eu au collège Charlemagne une de ces amitiés d'enfance que la mort seule dénoue, vint nous faire une de ces rapides visites inattendues dont il avait l'habitude et où, comme une hirondelle familière entrant par la fenêtre ouverte, il voltigeait autour de la chambre en poussant de petits cris et ressortait bientôt, […] et le mieux pour causer avec lui c'était de l'accompagner dans la rue. Gérard, à cette époque, était déjà un assez grand personnage. La célébrité l'était venue chercher sur les bancs du collège. À dix-sept ans, il avait eu un volume de vers imprimé […].

Déterminez la nature des mots ou groupes soulignés. Quelle est leur fonction ?

1. au collège Charlemagne : nature : .... fonction : ....
2. une de ces amitiés d'enfance : nature : .... fonction : ....
3. nous : nature : .... fonction : ....
4. en poussant de petits cris : nature : .... fonction : ....
5. pour causer avec lui : nature : .... fonction : ....
6. un assez grand personnage : nature : .... fonction : ....
7. l' : nature : .... fonction : ....

4 Reconstituer le sens d'un poème grâce à l'analyse grammaticale ★ ★

Joachim Du Bellay, *Les Regrets* (1558)

Je te prierai encor, quiconque tu puisse' être,
Qui, brave de la langue et faible de la dextre[1],
De blesser mon renom te montres toujours prêt,
Ne médire de moi. […]

1. main droite. Orthographe modernisée par les auteurs.

a. Quelle est la fonction des expressions soulignées ?

....

....

....

b. Déduisez-en la nature du mot « brave ».

....

c. Transcrivez cette phrase en employant une syntaxe plus courante.

....

....

....

38 Les accords dans le groupe nominal

1 Accord du déterminant et de l'adjectif

- **Règle générale** : accord avec le nom en genre et en nombre.
  *Ex. : un sac léger, un**e** valise lég**ère**, **des** sacs léger**s**, **des** valises légère**s**.*
- En suivant cette règle, il faut veiller à deux sources d'erreurs.

Accord de certains déterminants

- **Démonstratifs** : ***cet*** *homme*, ***cette*** *femme.*
- **Possessif *leur***. *Ex. : leur sac* (chaque sac individuellement), *leurs sacs* (tous les sacs).
- Indéfini ***tout* + *le* + nom** : s'accorde.
  *Ex. : tou**s** les hommes, toute**s** les femmes.*

Orthographe des adjectifs

- Du masculin au féminin : *-er* → *-ère* ; *-el, -eau* → *-elle* ; *-ec, -ic* → *-ecque, -ique* ; *-en* → *-enne* ; *-et* → *-ette/-ète.*
  *Ex. : un nouveau roman, une nouv**elle** histoire ; un trésor secret, une cachette secr**ète**.*
- Du masculin singulier au masculin pluriel : *-eau* → *-aux, -eaux* ; parfois *-al* → *-aux. Ex. : un nouveau roman, de nouv**eaux** romans ; un livre génial, des livres géni**aux**.*

2 Cas particuliers

Certains déterminants et adjectifs ne suivent pas la règle générale.
Ex. : aucun mystère, quatre cas, des encadrés bleu clair.

Adjectifs composés

- De deux adjectifs : en général, les deux s'accordent. *Ex. : les enfants premier**s**-né**s**.*
- De deux radicaux : attention aux cas où le 1er élément est invariable, comme *semi-*, *demi-*, un élément finissant par *-o* ou équivalent d'un adverbe. *Ex. : la langue **anglo**-saxonne, un être **semi**-divin.*

Déterminants indéfinis

Certains déterminants, de par leur sens, sont toujours :
- **au singulier** : *chaque, aucun, nul, tout* (sans *le*).
  Ex. : chaque roman, tout roman.
- **au pluriel** : *plusieurs, certains, quelques.*
  Ex. : plusieurs romans.

Déterminants numéraux

- En principe, ils ne prennent pas de *-s*.
- ***Cent*** et ***vingt*** prennent un *-s* s'ils se trouvent entre un autre nombre et le **nom**. *Ex. : quatre vers, cent vers, deux cent**s** **vers**, deux cent quarante vers, deux mille vers.*

Adjectifs de couleur

Ne s'accordent pas quand :
- ils sont **composés**.
  *Ex. : des yeux **vert clair**.*
- ils correspondent à **un nom de fruit, fleur, matière**...
  *Ex. : des yeux **émeraude**.*

Exercices

1 Changer le genre des adjectifs ★

a. Soulignez les adjectifs et surlignez les noms (ou pronoms) avec lesquels ils s'accordent.

1. Voici des mots qui sont trop rébarbatifs (**Molière**).

2. Elle avait pour les liens invisibles que noue entre les membres d'une famille la circulation d'un même sang autant de respect qu'un tragique grec (**M. Proust**).

3. Et il venait enfin d'obtenir une petite bouteille d'un liquide trouble, opalin, irisé de reflets bleuâtres, qu'il regarda longtemps à la lumière, comme s'il avait tenu le sang régénérateur et sauveur du monde (**É. Zola**).

4. Et comme il désirait de plaire à Corinne, dont les soins l'avaient touché, il fut indiscret pour l'amuser (**Mme de Staël**).

b. Donnez le féminin de ces adjectifs.

1. .... **2.** ....

3. ....

.... **4.** ....

2 Accorder les déterminants et les adjectifs ★

Rétablissez l'accord des adjectifs et déterminants en italique. Conseil : vérifiez le genre des noms dans un dictionnaire si besoin.

1. Elle considère *(ce)* .... exploit comme la preuve suprême de sa spiritualité (**A. Nothomb**).

2. Ce ne sont pas de *(nouveau)* .... continents qu'il faut à la terre, mais de *(nouveau)* .... hommes ! **(J. Verne)**

3. Les fleurs pleuvaient, deux pétales, *(balancé)* .... lentement, volèrent, se posèrent sur ses cheveux **(É. Zola)**.

4. Tu pourrais bien avoir raison, et mon éloge être aussi *(déplacé)* .... que ta commisération **(D. Diderot)**.

5. Ses phrases n'avaient plus de points *(final)* .... parce qu'il ne se souciait plus du lendemain **(Ph. Jaffeux)**.

3 Comprendre l'accord déterminant-nom ★ ★

Émile Zola, *La Bête humaine* (1890)

La veille, ils ne s'étaient pas couchés avant l'arrivée de l'express de Paris, à onze heures cinq, brûlant de savoir ce qu'il advenait de l'histoire du sous-préfet. Mais ils n'avaient rien pu lire dans l'attitude des Roubaud, qui étaient revenus avec leur figure de tous les jours ; et, vainement, jusqu'à minuit, ils avaient tendu l'oreille : aucun bruit ne sortait de chez leurs voisins, ceux-ci devaient s'être endormis tout de suite, d'un profond sommeil. Certainement, leur voyage n'avait pas eu un bon résultat, sans quoi Séverine n'aurait pas été levée à une pareille heure.

a. Observez les déterminants soulignés : quelle est leur catégorie ? Pourquoi « onze » et « aucun » ne prennent-ils pas de *-s* ?

....

....

....

....

b. Pourquoi « leur figure » est-il au singulier ?

....

4 Comprendre l'orthographe des pluriels ★ ★

Victor Hugo, *Notre-Dame de Paris* (1831)

Autour des quatre premiers piliers, des boutiques de marchands, tout étincelantes de verres et de clinquants ; autour des trois derniers, des bancs de bois de chêne, usés et polis par **le haut-de-chausses** des plaideurs et la robe des procureurs. […] Puis, aux longues fenêtres ogives, des vitraux de mille couleurs ; aux larges issues de la salle, **de riches portes finement sculptées** ; et le tout, voûtes, piliers, murailles, chambranles, lambris, portes, statues, recouvert du haut en bas **d'une splendide enluminure bleu et or** […].

a. Justifiez l'orthographe des adjectifs et participes soulignés.

- quatre : ....
- étincelantes : ....

....

- mille : ....
- bleu et or : ....

b. Passez les mots en gras du singulier au pluriel, ou du pluriel au singulier.

....

....

....

5 Comprendre l'orthographe des adjectifs de couleur ★ ★

a. Dans chaque phrase, observez les adjectifs de couleur en gras et cochez la case qui convient.

b. Rétablissez l'accord des adjectifs, si besoin.

1. Les vapeurs **violac**.......du crépuscule enveloppent cette scène et le paysage romantique qui la complète **(C. Baudelaire)**.

- ☐ adj. simple ☐ adj. composé
- ☐ nom de fruit, de matière...

2. Il y avait là [...] des roses **paille**......., des roses **citron**......., des roses couleur de soleil **(É. Zola)**.

- ☐ adj. simple ☐ adj. composé
- ☐ nom de fruit, de matière...

3. [...] le tout peint dans des tons fins délicieux, dans une gamme de pâleurs **argenté**....... **(J.-K. Huysmans)**.

- ☐ adj. simple ☐ adj. composé
- ☐ nom de fruit, de matière...

4. Sur les plans de la ville, ils sont signalés par de minuscules taches **vert**....... **clair**....... **(G. Bergé)**.

- ☐ adj. simple ☐ adj. composé
- ☐ nom de fruit, de matière...

6 Comprendre l'orthographe des pluriels ★ ★ ★

Jean-Antoine Roucher, *Les Mois, « Mars »* (1779)

Grossis par le torrent des neiges écoulées,
Les fleuves vagabonds roulent dans les vallées ;
Et les rochers de glace aux Alpes suspendus,
Sous un ciel plus propice amollis et fondus,
Se changent en vapeurs, et pèsent sur nos têtes. […]

a. Soulignez les participes passés qui fonctionnent comme des adjectifs. D'après leur terminaison, avec quels mots s'accordent-ils ?

....

....

....

....

b. Commentez la place des groupes nom + participe dans les vers.

....

....

....

....

39 Les accords du verbe

1 L'accord du sujet et du verbe

- **Règle générale : accord du verbe avec le sujet en genre et en nombre.**
- Il faut veiller à ces points qui peuvent être source d'erreurs.

Sujet = GN

Accord avec le **nom-noyau du GN**.
*Ex. : La solitude des bois m'enchan**te**.*

Sujet après le verbe ou loin du verbe

- Inversion sujet-verbe possible dans une question, une prop. sub. relative ou après un CC.
- Il faut bien déterminer le sujet (poser question ***qui*** *est-ce qui* + verbe ?). *Ex. : Quel sentier prend**ront**-ils ? C'est le sentier qu'emprun**tent** les gens. Là, se trouv**aient** de grands chênes.*

Prop. subordonnée relative

Accord **avec l'antécédent**, notamment aux 1re et 2e pers. *Ex. : Les chênes qui ét**aient** centenaires. Forêt, toi qui me char**mes** !*

Sujet indéfini ou collectif

- **Indéfini pluriel** *(beaucoup, peu + de…)* : accord toujours au pluriel. *Ex. : Beaucoup d'arbres peupl**ent** ce bois.*
- **Collectif + CDN** *(la plupart de, la majorité de…)* : accord possible au pluriel ou au singulier. *Ex. : La plupart des sentiers mèn**e**/mèn**ent** au palais.*

Plusieurs sujets

- *Je + tu/il/elle… =* ***nous****, tu + il/elle… =* ***vous****.* *Ex. : Les marcheurs et moi parcour**ons** les bois.*
- **Coordonnés par *ni*** : accord au pluriel ou singulier. *Ex. : Ni le calme ni la solitude ne m'effrai**e**/m'effrai**ent**.*
- **Coordonnés par *ou*** : accord au singulier si les sujets ne sont pas pris comme un ensemble mais s'excluent. *Ex. : Ce chêne, ou ce hêtre,* ***est*** *grand.*
- **Juxtaposés** : accord au pluriel ; au singulier avec des sujets synonymes, ou quand le dernier résume les précédents. *Ex. : Le chêne, le pin, le frêne, tout pouss**e** en liberté.*

2 Le participe passé du verbe

Sans auxiliaire

Participe = adjectif ; accord avec le nom ou pronom qu'il qualifie. *Ex. : la route emprunt**ée**.*

Avec auxiliaire

- **Auxiliaire *être*** : accord **avec le sujet**. *Ex. : Ces routes sont conn**ues**.*
- **Auxiliaire *avoir*** :
  – **pas d'accord** avec le sujet ni le COD après le verbe. *Ex. : Il a pris cette route.*
  – **accord avec le COD** s'il est **avant** le verbe. *Ex. : La route qu'il a pris**e**.*

Dans un verbe pronominal

- **Essentiellement pronominal** : accord **avec le sujet**. *Ex. : Les bêtes de la forêt se sont méfi**ées**.*
- **De sens passif** : accord **avec le sujet**. *Ex. : Des chasses au trésor se sont improvis**ées** (= ont été improvisées).*
- **Autre (réfléchi, réciproque)** :
  – accord **avec *me/te/se*… s'il est COD**. *Ex. : Les marcheurs se sont perdus (se = COD). ≠ Ils se sont parlé (se = COI).*
  – accord **avec le COD** (s'il y en a) placé **avant le verbe**. *Ex. : Les pauses qu'ils se sont accord**ées**.*

Exercices

1 Rétablir les accords sujet-verbe ★

a. Soulignez le sujet du verbe entre parenthèses. Si le sujet est un pronom relatif, soulignez aussi son antécédent.

b. Accordez les verbes avec le sujet au temps indiqué entre parenthèses.

1. Je reste sur le champ de bataille, enseveli sous le nombre des morts et des blessés, qui *(être – passé simple)* .... prodigieux **(D. Diderot)**.

2. Des canaux abandonnés *(monter – imparfait)* .... une odeur stagnante de fièvre **(J. Gracq)**.

3. Le galop nocturne des chevaux, le bruit de vaisselle à la fois et de soie que fait le régiment d'hoplites se frottant contre votre tente, le cri du faucon au-dessus de la compagnie étendue et aux aguets, tout *(sonner – plus-que-parfait)* .... jusque-là si juste, si merveilleusement juste… **(J. Giraudoux)**

4. Ce matin, l'idée m'est venue pour la première fois que mon corps, ce fidèle compagnon, cet ami plus sûr, mieux connu de moi que mon âme, n' *(être – présent)* .... qu'un monstre sournois qui finira par dévorer son maître **(M. Yourcenar)**.

5. Vous me soutenez, à moi qui *(avoir – passé composé)* .... le genou fracassé et qui *(boiter – présent)* .... depuis vingt ans... **(D. Diderot)**

2 Repérer les sujets dans des phrases complexes ★

Marcel Proust, *Du côté de chez Swann* (1913)

La tante du narrateur, une personne âgée, pimente sa vie en imaginant que sa cuisinière, Françoise, lui ment.

Une vieille dame de province, qui ne **faisait** qu'obéir sincèrement à d'irrésistibles manies et à une méchanceté née de l'oisiveté, **voyait** sans avoir jamais pensé à Louis XIV les occupations les plus insignifiantes de sa journée, concernant son lever, son déjeuner, son repos, prendre par leur singularité despotique un peu de l'intérêt de ce que Saint-Simon[1] **appelait** la « mécanique » de la vie à Versailles, et **pouvait** croire aussi que ses silences, une nuance de bonne humeur ou de hauteur dans sa physionomie, **étaient** de la part de Françoise l'objet d'un commentaire aussi passionné, aussi craintif que l'**étaient** le silence, la bonne humeur, la hauteur du Roi quand un courtisan, ou même les plus grands seigneurs, lui **avaient remis** une supplique, au détour d'une allée, à Versailles.

1. auteur de *Mémoires* décrivant la vie à la cour de Louis XIV.

Quelles sont les sujets des verbes en gras ?

- faisait : ....
- voyait : ....
- appelait : ....
- pouvait : ....
- étaient (l. 10) : ....
- étaient (l. 12) : ....
- avaient remis : ....

3 Comprendre l'accord du participe passé ★

D'après J.M.G. Le Clézio, *Désert* (1980)

Alors on lui a <u>ouvert</u> le ventre pour voir ce qu'il y avait dedans, et on a <u>trouvé</u> une bague tout en or sur laquelle était <u>montée</u> une pierre précieuse toute rouge, si belle que tout le monde ne pouvait plus en détacher son regard. Naturellement, chacun d'entre nous *(avoir)* .... voulu la bague pour lui [...]. Alors j'ai proposé qu'on la joue aux dés [...] C'est moi qui *(avoir)* .... donc reçu la bague [...] J'ai compris que c'était une bague maudite, comme celui qui l'avait <u>portée</u> et que le requin avait <u>mangé</u>.

a. Conjuguez les auxiliaires entre parenthèses, en les accordant avec leur sujet.

b. Justifiez les accords des participes passés soulignés : indiquez l'auxiliaire employé et précisez si l'accord s'effectue avec le sujet ou le COD.

- ouvert : ....
- trouvé : ....
- montée : ....
- portée : ....
- mangé : ....

4 Repérer le COD pour expliquer l'accord ★★

Jules Lemire, *Discours à la Chambre des députés* (1908)

Il n'y a pas égalité entre la mort d'un scélérat et les homicides successifs qu'il <u>a commis</u> ; il n'y a pas d'égalité vraie entre les tortures que ce scélérat <u>a infligées</u>, [...] et une minute de crispation ou d'étourdissement ; il n'y a pas d'égalité entre la mort d'un être obscur et méchant et celle des gens innocents, des pères de famille, des enfants, des femmes, des vieillards qu'il <u>a sacrifiés</u>. [...] Dans ce scélérat, je demande, au nom des droits de l'humanité, que vous respectiez la personne, et que vous lui donniez le temps [...] de sentir son remords accablant jusqu'à la tombe. C'est un droit que je lui reconnais, et c'est pourquoi je ne veux pas de la peine de mort.

a. Quels sont les COD des verbes soulignés ? Surlignez-les. S'il s'agit de pronoms relatifs, surlignez aussi leur antécédent.

b. Dans quels cas l'accord avec le COD s'effectue-t-il ?

....

5 Comprendre le fonctionnement des verbes pronominaux ★★

a. Dans chacune de ces « nouvelles en trois lignes » de Félix Fénéon, quel type de verbes pronominaux est employé (essentiellement pronominal, de sens passif ou autre) ?

b. Justifiez l'accord du verbe pronominal.

1. Suicide, accident ou crime, le menuisier Dalmasso, de Nice, s'est fracturé le crâne en tombant d'un troisième étage.

- Type : ....
- Accord : ....

2. Quatre chevaux, sans leurs dragons, se sont emballés quai de Javel. Ils ont renversé un fiacre et son cocher Fouché.

- Type : ....
- Accord : ....

3. Près Laneuville-Nancy, sur un point où la voie passe au-dessus de salines, un trou s'est creusé. Les trains vont toujours.

- Type :
- Accord :

4. Pour des recherches sur les sardines et les courants, une mission océanographique s'est embarquée à Bordeaux sur l'*Andrée*.

- Type :
- Accord :

5. Sans qu'aucune portât, six balles se sont échangées, montagne du Roule, entre le maire de Cherbourg et un journaliste.

- Type :
- Accord :

6. Radieux : « J'aurais pu avoir plus ! » s'est écrié l'assassin Lebret, condamné, à Rouen, aux travaux forcés à perpétuité.

- Type :
- Accord :

6 Accorder les verbes pronominaux ★ ★

Jean-Claude Carrière, *La Controverse de Valladolid* (1992)

Les moines se laissent convaincre, après quelques conciliabules, et conduisent les deux hommes dans le dédale du couvent, à travers une galerie qui domine le cloître, puis dans des escaliers de plus en plus étroits, jusqu'à une sorte de niche aménagée près de l'orgue, où ils pourront se dissimuler et tout entendre, sinon voir.
Ils se mettent là, assis sur le sol, l'oreille tendue, à travers une mince ouverture en forme de trèfle, vers la grande salle d'où leur parvient le chant latin qui se poursuit et bientôt se termine.

a. Surlignez les verbes conjugués et soulignez leur sujet (pronom relatif et antécédent, éventuellement).

b. Donnez les types des verbes pronominaux surlignés (essentiellement pronominaux, de sens passif, autre).

c. Réécrivez le 2e paragraphe au passé composé, en remplaçant « le chant latin » par « la messe ».

7 Rétablir l'accord des participes passés ★ ★

Pierre Lemaitre, *Au revoir là-haut* (2013)

La balle lui **avait fracassé** la jambe. Il **avait poussé** un hurlement de bête, **s'était effondré** dans la boue, la douleur était insupportable. Il **s'était tortillé** et **retourné** dans tous les sens en continuant de crier et, comme il n'arrivait pas à voir sa jambe qu'il serrait à deux mains au niveau de la cuisse, il **s'était demandé** si un éclat d'obus ne la lui **avait** pas **sectionnée**.

a. Soulignez les mots avec lesquels le participe passé s'accorde, quand il y en a un. Justifiez ensuite la présence ou l'absence d'accord.

b. Réécrivez le texte en mettant au pluriel les sujets des verbes en gras. Veillez à accorder les participes passés si besoin.

8 Identifier le sujet et commenter sa présence ★ ★ ★

Pernette du Guillet, *Rimes* (1545)

[…] Pour contenter celui qui me tourmente,
Chercher ne veux remède à mon tourment :
Car, en mon mal voyant qu'il se contente,
Contente suis de son contentement.

Orthographe modernisée par les auteurs.

a. Quels sont les sujets des verbes surlignés ?

b. Interprétez le choix de l'auteure d'effacer certains de ces sujets.

Les modes et les temps des verbes

40

1 Les modes personnels

Impératif

Injonction (ordre, conseil, prière).
*Ex. : **Écris*** (présent), ***aie écrit*** (passé).

Indicatif

Expression de faits, de la réalité, de la certitude. *Ex. : Tu **écris**.*

Subjonctif

- Souhait, ordre. *Ex. : Qu'elle **écrive** !*
- Obligatoire dans certaines propositions subordonnées. *Ex. : Bien qu'elle **écrive**, il ne répond pas.*
- Parfois, subjonctif plus-que-parfait = conditionnel passé. *Ex. : Qui l'**eût cru** ?* (= aurait cru)

Les temps de l'indicatif et leurs valeurs

Présent
- d'énonciation. *Ex. : J'**écris** ce matin.*
- de vérité générale. *Ex. : Écrire **est** un art.*
- d'habitude. *Ex. : J'**écris** trois pages tous les jours.*
- futur proche, passé proche. *Ex. : Je **vais**, je **viens** d'écrire.*
- de narration : présent dans un contexte passé. *Ex. : Il demandait mon nom ; je l'**écris**.*

Futur
- fait à venir, hypothèse. *Ex. : Elle t'**écrira** sûrement un mail.*
- ordre, conseil. *Ex. : Tu **écriras** à ta grand-mère !*

Passé simple
- action ponctuelle (aspect borné) ; premier plan. *Ex. : Il faisait nuit quand j'**écrivis** le mot « fin ».*

Imparfait
- action répétée, non délimitée dans le temps (aspect non borné) ; second plan, description. *Ex. : J'**écrivais**, quand on frappa.*

Temps composés
- action antérieure, montrée comme achevée. *Ex. : Ça y est, j'**ai écrit** ce roman.*

Conditionnel

Valeur modale
- fait hypothétique, demande polie. *Ex. : S'il pouvait, il **écrirait** un roman*

Valeur temporelle
- futur dans le passé. *Ex. : Il disait qu'il **écrirait** un roman avant un an.*

2 formes :
- **présent.** *Ex. : J'écrirais*
- **passé.** *Ex. : J'aurais écrit*

2 Les modes impersonnels

Infinitif

- **Présent.** *Ex. : être.*
- **Passé.** *Ex. : avoir été.*

Participe

- **Présent.** *Ex. : étant.*
- **Passé.** *Ex. : ayant été ; été.*

Gérondif

- **Présent.** *Ex. : en étant.*
- **Passé.** *Ex. : en ayant été.*

Exercices

1 Identifier le temps et le mode ★

Relevez et classez les verbes selon leur mode. Précisez entre parenthèses le temps employé.

Jean Racine, *Britannicus, acte II, scène 3* (1670)

JUNIE. – Moi ! Que je lui prononce un arrêt si sévère !
Ma bouche mille fois lui jura le contraire.
Quand même jusque-là je pourrais me trahir,
Mes yeux lui défendront, Seigneur, de m'obéir.
NÉRON. – Caché près de ces lieux, je vous verrai, Madame :
Renfermez votre amour dans le fond de votre âme.

- indicatif : ....
....
- indicatif conditionnel : ....
- subjonctif : ....
- impératif : ....
- infinitif : ....
- participe : ....

2 Reconnaître les valeurs du présent ★★

Pour chaque phrase, indiquez la valeur du présent.

1. Il est trop difficile de penser noblement quand on ne pense que pour vivre. Pour pouvoir, pour oser dire de grandes vérités, il ne faut pas dépendre de son succès **(J.-J. Rousseau)**.

Valeur : ....

2. Dieu merci, c'est peut-être demain que je tue Alexandre **(A. de Musset)**.

Valeur : ....

3. Et pourtant, vous venez seulement d'atteindre les quarante-cinq ans **(M. Butor)**.

Valeur : ....

4. Savez-vous ce qui m'amène ici ? **(Molière)**

Valeur : ....

5. Hémon serrait la pauvre fille dans ses bras. En apercevant Créon, il perd la tête, dégaine et lui crache dessus **(J. Cocteau)**.

Valeur : ....

3 Identifier les valeurs du conditionnel ★★

Dans chaque phrase, soulignez le verbe au conditionnel. Indiquez sa valeur en cochant la case qui convient.

1. Si vous disiez : meurs ! je mourrais **(V. Hugo)**.

☐ futur dans le passé ☐ fait hypothétique

2. Donc il fut décidé qu'on aurait un chien, un tout petit chien **(G. de Maupassant)**.

☐ futur dans le passé ☐ fait hypothétique

3. Comment les grands sentiments s'allieraient-ils, en effet, à une société mesquine, petite, superficielle ? **(H. de Balzac)**

☐ futur dans le passé ☐ fait hypothétique

4. À vingt ans, tu disais que tu attendrais la quarantième année pour commencer l'entraînement **(E. Ionesco)**.

☐ futur dans le passé ☐ fait hypothétique

4 Justifier l'emploi du subjonctif ★★

Soulignez le verbe au subjonctif et justifiez l'emploi de ce mode.

1. On eût dit que nous étions poussés l'un contre l'autre par des furies **(B. Constant)**.

....

....

2. J'avais trop d'amour pour elles pour qu'elles en eussent pour moi **(H. de Balzac)**.

....

....

3. Je voudrais que cette assemblée n'eût qu'une seule âme pour marcher à ce grand but, à ce but magnifique, à ce but sublime, l'abolition de la misère ! **(V. Hugo)**

....

....

4. Bien qu'il y eût encore une demi-heure de travail, il se rhabilla **(É. Zola)**.

....

....

5 Analyser l'emploi du conditionnel ★★

Bernard-Marie Koltès, *Roberto Zucco* (1990)

Zucco. – [...] De toute façon personne ne s'intéresse à personne. Personne. [...] J'aimerais renaître chien, pour être moins malheureux. Chien de rue, fouilleur de poubelles. Personne ne me remarquerait. J'aimerais être un chien jaune, bouffé par la gale, dont on s'écarterait sans faire attention. J'aimerais être un fouilleur de poubelles pour l'éternité.

a. Soulignez les verbes au conditionnel.

b. Justifiez l'emploi de ce mode. Que nous révèle-t-il de l'état d'esprit du personnage ?

....

....

....

....

....

....

....

6 Analyser l'emploi d'un temps ★★★

François-René de Chateaubriand, *Atala* (1801)

Cependant on m'avait étendu sur le dos. Des cordes partant de mon cou, de mes pieds, de mes bras, allaient s'attacher à des piquets enfoncés en terre. Des guerriers étaient couchés sur ces cordes, et je ne pouvais faire un mouvement sans qu'ils n'en fussent avertis. La nuit s'avance : les chants et les danses cessent par degrés ; les feux ne jettent plus que des lueurs rougeâtres, devant lesquelles on voit encore passer les ombres de quelques Sauvages ; tout s'endort ; à mesure que le bruit des hommes s'affaiblit, celui du désert augmente, et au tumulte des voix succèdent les plaintes du vent dans la forêt.

a. Au début de l'extrait, le récit est-il fait au présent ou aux temps du passé ?

....

....

....

....

....

b. Soulignez les passages au présent. Quelle est la valeur de ce présent ?

....

c. Quel effet produit l'emploi du présent dans ce récit ?

....

....

Les voix des verbes

41

Les voix des verbes

Elles indiquent le rapport entre le sujet et l'action exprimée par le verbe.

Voix active

Le sujet accomplit l'action.

- Avec un **verbe intransitif** : verbe sans complément. *Ex. : Je dors.*
- Avec un **verbe transitif** :
  – **direct** : verbe + COD.
  Ex. : Le cinéaste réalise ce film.
  – **indirect** : verbe + COI.
  Ex. : Je pense à ce film.
- Avec un **verbe d'état ou attributif** (*être, sembler, paraître...*) : verbe + attribut du sujet.
  Ex. : Je suis enthousiaste.

Voix passive

Le sujet subit l'action.

- Seuls les verbes transitifs directs admettent une voix passive.
- Le COD à l'actif devient le **sujet au passif**, le sujet devient C. d'agent.
  Ex. : ***Ce film*** *est réalisé par le cinéaste.*
- Phrase passive sans C. d'agent = phrase active avec sujet *on*. *Ex. :* ***Ce film*** *est vu. = On voit ce film.*

Voix pronominale

Présence d'un pronom réfléchi *me, te, se...* Il existe plusieurs types de verbes pronominaux :

- **essentiellement pronominal**.
  Ex. : Je me méfie.
- occasionnellement pronominal :
  – de **sens passif**.
  Ex. : Ces robes se portent en été (= sont portées).
  – de **sens réfléchi** : le sujet agit sur lui-même. *Ex. : Ils se lèvent* (= lèvent eux-mêmes).
  – de **sens réciproque** : le sujet désigne plusieurs objets agissant l'un sur l'autre.
  Ex. : Ils se rencontrent (= l'un rencontre l'autre).

Exercices

1 Distinguer voix active et voix passive ★

Indiquez si chaque phrase est à la voix active ou à la voix passive.

1. Mon malheur n'est-il pas écrit sur son visage ? **(J. Racine)**

☐ **actif** ☐ **passif**

2. Par quelle fatalité [...] suis-je devenu si criminel ? **(Abbé Prévost)**

☐ **actif** ☐ **passif**

3. Et que la métaphore est mise avec esprit ! **(Molière)**

☐ **actif** ☐ **passif**

4. Tu n'es pas encore parti ? **(A. de Musset)**

☐ **actif** ☐ **passif**

5. Pas une parole n'était échangée **(É. Zola)**.

☐ **actif** ☐ **passif**

2 Repérer les verbes pronominaux ★

Alfred de Musset, *Lorenzaccio, acte II, scène 4* (1834)

Marie. – [...] Je regardais cette nuit obscure, et je me disais : il ne rentrera qu'au jour, lui qui passait autrefois les nuits à travailler. Mes yeux se remplissaient de larmes, et je secouais la tête en les sentant couler. J'ai entendu tout d'un coup marcher lentement dans la galerie ; je me suis retournée, un homme vêtu de noir venait à moi, un livre sous le bras – c'était toi, Renzo : « Comme tu reviens de bonne heure ! » me suis-je écriée. Mais le spectre s'est assis auprès de la lampe sans me répondre ; il a ouvert son livre, et j'ai reconnu mon Lorenzino d'autrefois.

a. Repérez les verbes pronominaux : surlignez les verbes essentiellement pronominaux, encadrez ceux qui sont de sens passif et soulignez les autres.

b. Les autres verbes pronominaux sont-ils réfléchis ou réciproques ? ....

3 Transposer à la voix passive ★ ★

Réécrivez la phrase à la voix passive.

1. Et ce mortel heureux connaît-il son bonheur ? **(D. Diderot)**

....

2. On le conduisit chez le maire, chez l'adjoint, chez le curé, chez l'instituteur **(G. de Maupassant)**.

....

....

4 Transposer à la voix active ★ ★

Réécrivez chaque phrase à la voix active. Conseil : lorsqu'il n'y a pas de complément d'agent à la voix passive, utilisez le pronom sujet « on ».

1. Hier, dimanche, dans notre ville, sur la place de l'église, à l'heure de l'apéritif, un chat a été foulé aux pieds par un pachyderme **(E. Ionesco)**.

....

....

2. Toute cette scène fut si bien jouée qu'un étranger y eût été pris **(G. Sand)**.

....

42 Phrase simple et phrase complexe

1 Phrase non verbale
Pas de verbe. *Ex. : Encore en retard !*

2 Phrase simple
1 seule proposition. *Ex. : Je suis en retard.*

3 Phrase complexe
Plusieurs propositions :

- **Indépendantes juxtaposées** : Reliées par un signe de ponctuation. *Ex. : Je suis en retard ; mon réveil n'a pas sonné*
- **1 principale et subordonnée(s)** : Sans mot subordonnant.
  - **Prop. sub. participiale** : Le sujet de la participiale est différent du sujet de la principale. *Ex. : [Mon réveil n'ayant pas sonné], je suis en retard.*
  - **Prop. sub. infinitive** : *Ex. : J'entends [le réveil sonner].*
- **1 principale et subordonnée(s)** : Avec mot subordonnant.
  - **Prop. sub. complétive** :
    - Introduite par la conjonction de subordination *que* : **conjonctive complétive**. *Ex. : J'avoue [**que** je suis en retard].*
    - Introduite par un mot interrogatif : **interrogative indirecte**. *Ex. : J'ignore [**quelle** heure il est].*
  - **Prop. sub. relative** : Introduite par un pronom relatif. *Ex. : Mon réveil, [**qui** n'a pas sonné], a causé mon retard.*
  - **Prop. sub. circonstancielle** : Introduite par une autre conjonction de subordination que que. *Ex. : [**Si** je suis en retard], je te présente mes excuses.*
- **Indépendantes coordonnées** : Reliées par une conjonction de coordination. *Ex. : Je suis en retard car mon réveil n'a pas sonné.*

Exercices

1 Identifier la structure des phrases ★

Martin Mauger, « Le Bac, toute une histoire », journal *Le 1* (2019)

1. 1808 : un décret crée le baccalauréat ès lettres, diplôme d'entrée dans l'enseignement supérieur. **2.** 1830 : l'examen oral s'enrichit d'une épreuve écrite facultative, devenue obligatoire en 1840. **3.** 1840 : apparition des mentions. **4.** 1852 : le baccalauréat ès sciences devient une alternative à celui ès lettres. **5.** 1861 : Julie-Victoire Daubié est la première bachelière. **6.** 1902 : quelle que soit la série, le diplôme du bac sanctionne la fin des études secondaires et ouvre aux mêmes droits. [...] **7.** 1968 : une refonte du bac fait du Latin une simple option et crée la filière technologique. **8.** 1985 : création du bac pro.

a. Identifiez phrases simples, non verbales et complexes.

1. phrase .... **2.** phrase ....

3. phrase .... **4.** phrase ....

5. phrase .... **6.** phrase ....

7. phrase .... **8.** phrase ....

b. Dans les phrases complexes, entourez les propositions et indiquez si elles sont juxtaposées, coordonnées ou subordonnées.

....

....

....

....

2 Former des phrases complexes ★

Reliez ces phrases simples en les coordonnant pour obtenir une seule phrase complexe.

1. Montaigne appréciait le calme de sa demeure. Il exerça des charges publiques.

....

....

2. Il n'aimait pas les écrivains de profession. Il ne vivait pas comme un rat de bibliothèque.

....

....

3. Il voulait écrire des lettres. Il lui manquait un ami. Il rencontra, vers 1557, La Boétie.

....

....

4. Montaigne décida de commencer à écrire. Il voulait lutter contre la solitude.

....

....

5. Il ne savait pas quel sujet traiter. Il décida de réaliser son autoportrait.

....

....

3 Identifier et commenter des constructions de phrase ★ ★

Françoise Sagan, *Dans un mois, dans un an* (1957)

Bernard entra dans le café, hésita un instant sous les regards de quelques consommateurs défigurés par le néon et se rejeta vers la caissière. Il aimait les caissières de bar, opulentes, dignes, perdues dans un rêve ponctué de monnaie et d'allumettes. Elle lui tendit son jeton sans sourire, l'air las. Il était près de quatre heures du matin [...]. Il forma le numéro de Josée et s'aperçut que sa marche forcée à travers Paris toute la nuit ne l'avait mené qu'à cela [...].

a. Surlignez les verbes conjugués à un mode personnel, puis soulignez les phrases simples.

b. Entourez les propositions qui forment les phrases complexes : comment sont-elles reliées entre elles ?

....

....

....

....

4 Commenter l'enchaînement des propositions ★ ★

André Malraux, *Le Musée imaginaire* (1947)

Un crucifix roman[1] n'était pas d'abord une sculpture, la *Madone* de Cimabue[2] n'était pas d'abord un tableau, même la *Pallas Athéné* de Phidias[3] n'était pas d'abord une statue.

Le rôle des musées dans notre relation avec les œuvres d'art est si grand, que nous avons peine à penser qu'il n'en existe pas, qu'il n'en exista jamais, là où la civilisation de l'Europe moderne est ou fut inconnue ; et qu'il en existe chez nous depuis moins de deux siècles.

1. forme d'art apparue au XIe siècle. 2. peintre italien du XIIIe siècle.
3. sculpteur athénien du Ve siècle av. J.-C.

a. Surlignez les conjonctions de coordination et les signes de ponctuation reliant des propositions. Entourez les mots subordonnants. Combien de propositions chaque phrase contient-elle ?

....

....

b. Quels types de subordonnées apparaissent dans la 2e phrase ? Quelle intention anime l'auteur ?

....

....

....

....

....

5 Analyser le mouvement grammatical d'une réplique théâtrale ★ ★

Henri de Montherlant, *La Reine morte, acte II, scène 1* (1942)

Le roi Ferrante, conseillé par son premier ministre, dicte une lettre destinée à la famille régnante d'un royaume voisin.

Egas Coelho. – Puis-je me permettre une observation ? Puisque dans cette lettre nous employons des procédés qui sont légitimes entre princes, mais qui, entre particuliers, seraient tenus pour atroce perfidie, je souhaiterais que Votre Majesté y parlât de notre honneur.

Ferrante. – Vous avez raison. C'est quand la chose manque qu'il faut en mettre le mot. Don Eduardo, vous recommencerez cette lettre et vous y introduirez le mot « honneur ». Une fois seulement. Deux fois, personne n'y croirait plus.

a. Surlignez les phrases non verbales, entourez les phrases simples et soulignez les phrases complexes. Quelles similitudes perçoit-on entre les deux répliques ? Quelles différences ?

....

....

....

....

....

....

b. Comment ces choix grammaticaux reflètent-ils la fonction des personnages ?

....

....

....

....

....

....

....

....

....

....

....

....

....

43 Les propositions subordonnées relatives

1 Les pronoms relatifs

- **Introduisent la proposition subordonnée relative.**
- Ont **une fonction** à l'intérieur de la prop. sub. relative.
- Reprennent (généralement) un nom ou pronom appelé l'**antécédent**.

Pronoms simples

(ce) qui, que, quoi, dont, où, quiconque, à qui, à quoi

*Ex. : cette maison **qui** me plaît* → *qui* = sujet de *plaît* ; *la maison **où** j'habite* → *où* = CC. de lieu

Pronoms composés

lequel, auquel, duquel

Attention, ils s'accordent avec l'antécédent : *lesquels, auxquels, desquels ; laquelle,* etc.

*Ex. : la maison **à laquelle** je pense* → *à laquelle* = COI de *pense*

2 La proposition subordonnée relative

Avec antécédent

Fonction : **épithète**.

Ex. : la maison [qui me plaît], [où j'habite], [à laquelle je pense]

Explicative

Elle peut être supprimée.

Ex : Cette maison, [qui m'a beaucoup plu], est à vendre.
= Cette maison est à vendre.

Déterminative

Sa suppression affecte le sens de la phrase.

Ex. : C'est la maison [où j'habite].
≠ C'est la maison.

Sans antécédent

Fonction : peuvent avoir **toutes les fonctions du GN** (sujet, COD, CC...).

Ex. : [Qui dort] (sujet) *dîne.*
J'irai [où tu iras] (CC de lieu).

Exercices

1 Identifier des propositions subordonnées relatives ★

a. Dans ces phrases, surlignez les pronoms relatifs et soulignez leur antécédent.

b. Entourez les propositions subordonnées relatives. Déterminez la fonction du pronom relatif.

1. Il avait avec lui une jeune femme qu'il aimait beaucoup et dont il était également aimé **(Bernardin de Saint-Pierre)**.

- Fonction du (des) pronom(s) relatif(s) : ....

....

2. Mon père m'avait laissé un grand nom, dont il avait lui-même augmenté l'éclat **(Crébillon fils)**.

- Fonction du (des) pronom(s) relatif(s) : ....

....

3. Essuyez des pleurs qui m'arrachent l'âme ; rétablissez votre santé ; rendez à la plus tendre fille qui fut jamais le bonheur auquel elle a renoncé pour vous **(J.-J. Rousseau)**.

- Fonction du (des) pronom(s) relatif(s) : ....

....

....

4. J'ai accepté le rôle de subalterne auquel tu m'as réduit **(D. Diderot)**.

- Fonction du (des) pronom(s) relatif(s) : ....

....

5. Je t'écris à un secrétaire très joli, dont on m'a remis la clef, et où je peux enfermer tout ce que je veux **(P. Choderlos de Laclos)**.

- Fonction du (des) pronom(s) relatif(s) : ....

....

2 Distinguer *que* conjonction de subordination et *que* pronom relatif ★ ★

a. Indiquez la nature de chacun des *que/qu'* dans ces phrases.

1. Il mangea une délicieuse andouillette, plat **que** sa femme n'appréciait pas beaucoup dans ses assiettes **(F. Sagan).**

....

....

2. Albert avait exigé **que** les fonds soient d'abord consacrés à rembourser la banque, ce **qu'**Édouard avait évidemment contesté **(P. Lemaitre).**

....

....

3. Il s'est mis à rire en disant **que** non, **que** c'était une blague **(J. Echenoz).**

....

....

4. Il disait **que** j'apprenais bien, jamais **que** je travaillais bien **(A. Ernaux).**

....

....

5. Je crois finalement **que** vous deviez être dans l'entourage de quelqu'un **que** je voyais souvent à une certaine époque... **(P. Modiano).**

....

....

6. Quand je pense **qu'**il y a des gens qui n'ont pas la télévision ! **(M. Barbery)**

....

....

b. Soulignez l'antécédent de *que/qu'* pronom relatif. Quelle est la fonction de ce pronom ?

....

3 Déterminer le sens des propositions subordonnées relatives ★ ★

Molière, George Dandin, acte I, scène 4 (1668)

Monsieur de Sottenville. – Il m'a été rapporté, monsieur, que vous aimez et poursuivez une jeune personne, qui est ma fille, pour laquelle je m'intéresse[1], et pour l'homme que vous voyez, qui a l'honneur d'être mon gendre.

1. pour qui je prends délibérément parti, je m'engage à fond.

a. Encadrez les pronoms relatifs et soulignez leur antécédent.

b. Que révèle la construction des phrases sur le personnage ?

....

....

....

....

....

....

....

....

4 Étudier l'emploi des prop. sub. relatives dans une description ★ ★

Patrick Modiano, *Rue des boutiques obscures* (1978)

La porte par laquelle ils étaient entrés et qui donnait accès à la chapelle où avait lieu la cérémonie, cette porte que je ne cessais de surveiller, s'ouvrit brusquement, et s'y encadra la femme blonde au chapeau de mousquetaire.

a. Entourez les propositions subordonnées relatives et soulignez leur antécédent.

b. Déterminez la fonction occupée par le pronom relatif dans la proposition subordonnée relative.

....

....

....

....

....

c. Quelles conséquences la suppression de ces relatives aurait-elle, sur le plan grammatical mais aussi romanesque ?

....

....

....

....

....

....

....

....

....

....

....

....

....

5 Utiliser des relatives pour rédiger une description ★ ★ ★

« En bas, dans le grand vestibule dallé de marbre où était installé le contrôle, le public commençait à se montrer » (É. Zola). Dans un récit à la 3e personne, décrivez les spectateurs qui se pressent dans le vestibule.

Vous utiliserez au moins trois propositions subordonnées circonstancielles et quatre subordonnées relatives, introduites par *qui, que, dont, auquel* (accorder si besoin).

44 Énonciation et modalisation

1 La situation d'énonciation

- Répond à 5 questions : ***qui parle ? à qui ? quand ? où ? dans quel but ?***
- Visible à des **marques de l'énonciation** (1re ou 2e pers., présent et futur...) qui peuvent être :

présentes → **Énoncé ancré dans la situation d'énonciation**
Ex. : Aujourd'hui, tu me parles de ta mère.

absentes → **Énoncé coupé de la situation d'énonciation**
Ex. : En 2021, il parlait de sa mère à son ami.

2 La modalisation

- L'énoncé modalisé comporte un **jugement subjectif**.
- Exprimée par des **modalisateurs**.

Doute / certitude
Modalisateurs : lexique (*sûr, certain, sans doute, certainement*...), verbes (*devoir, pouvoir*...), mode conditionnel...

Jugement de valeur (positif / négatif)
Modalisateurs : lexique mélioratif/ péjoratif, hyperboles, métaphores...

Sentiments (peur, joie, regret...)
Modalisateurs : lexique des sentiments, adverbes (*heureusement*...), mode subjonctif...

Exercices

1 Comprendre la situation d'énonciation ★

Dans chaque texte, soulignez les marques de l'énonciation, puis précisez la situation d'énonciation (qui parle ? à qui ?).

1. Agrippa d'Aubigné, *Les Tragiques, préface* (1577)

Va Livre, tu n'es que trop beau
Pour être né dans le tombeau
Duquel mon exil te délivre ;
Seul pour nous deux je veux périr :
Commence, mon enfant, à vivre
Quand ton père s'en va mourir.

Orthographe modernisée par les auteurs.

- Qui parle ? ....
- À qui ? ....

2. Pierre de Ronsard, « À Cassandre », *Odes* (1550-1552)

Mignonne, allons voir si la rose
Qui ce matin avait déclose
Sa robe de pourpre au Soleil,
A point perdu cette vesprée
Les plis de sa robe pourprée,
Et son teint au vôtre pareil. [...]

Orthographe modernisée par les auteurs.

- Qui parle ? ....
- À qui ? ....

3. Victor Hugo, « Bêtise de la guerre », *L'Année terrible* (1872)

Guerre, ô guerre occupée au choc des escadrons,
Toute pleine du bruit furieux des clairons, [...]
Folle immense, de vent et de foudres armée,
À quoi sers-tu, géante, à quoi sers-tu, fumée [...] ?

- Qui parle ? ....
- À qui ? ....

4. Charles Baudelaire, « La Beauté », *Les Fleurs du Mal* (1857)

Je suis belle, ô mortels, comme un rêve de pierre,
Et mon sein, où chacun s'est meurtri tour à tour,
Est fait pour inspirer au poète un amour
Éternel et muet ainsi que la matière. [...]

- Qui parle ? ....
- À qui ? ....

2 Distinguer énoncé ancré et énoncé coupé ★

Lisez chaque *incipit* et indiquez si l'énoncé est ancré dans la situation d'énonciation ou coupé de la situation d'énonciation.

1. La première fois qu'Aurélien vit Bérénice, il la trouva franchement laide **(L. Aragon)**.

☐ énoncé ancré ☐ énoncé coupé

2. Je forme une entreprise qui n'eut jamais d'exemple et dont l'exécution n'aura point d'imitateur **(J.-J. Rousseau)**.

☐ énoncé ancré ☐ énoncé coupé

3. C'est fini. La plage de Big Sur est vide, et je demeure sur le sable, à l'endroit même où je suis tombé **(R. Gary)**.

☐ énoncé ancré ☐ énoncé coupé

3 Identifier un jugement de valeur mélioratif ou péjoratif ★ ★

1. Guy de Maupassant, *La Vie errante* (1890)

L'auteur évoque la tour Eiffel, tout juste construite.

Mais je me demande ce qu'on conclura de notre génération si quelque prochaine émeute ne déboulonne pas cette haute et maigre pyramide d'échelles de fer, squelette disgracieux et géant, dont la base semble faite pour porter un formidable monument de Cyclopes et qui avorte en un ridicule et mince profil de cheminée d'usine.

2. Jean Giraudoux, *Juliette au pays des hommes* (1924)

Voilà réalisée en fer la corde que lance au ciel le fakir et à laquelle il invite ses amis à grimper… J'ai connu Eiffel, je grimpe… Mon Dieu, qu'elle est belle, vue de la cage du départ, avec sa large baguette cousue jusqu'au deuxième, comme à une superbe chaussette !

a. Dans le texte 1, relevez les procédés utilisés pour formuler un jugement péjoratif.

- Lexique : ....
- Métaphores : ....

....

b. Dans le texte 2, relevez les procédés utilisés pour formuler un jugement mélioratif.

- Lexique : ....
- Métaphores : ....

4 Analyser un énoncé modalisé dans un texte critique ★ ★

Lisez ces deux jugements portés sur Charles, personnage du roman *Madame Bovary* de Gustave Flaubert, puis répondez aux questions.

1. Jules Senard, plaidoirie au procès de *Madame Bovary* (1857)

Il y a un homme qui est grand, sublime, dont la mort est admirable, c'est le mari, qui, après avoir vu successivement se briser par la mort de sa femme tout ce qui pouvait lui rester d'illusions au cœur, embrasse par la pensée sa femme sous une tombe.

2. Émile Zola, *Les Romanciers naturalistes* (1881)

Le personnage de Charles est peut-être d'une exécution plus étonnante encore. Il faut être du métier pour savoir quelle difficulté il y a à camper debout, en pleine lumière, un héros imbécile. La nullité, par elle-même, reste grise, neutre, sans accent aucun. Or, ce pauvre homme, Charles, a un relief incroyable. Il emplit le livre de sa médiocrité ; on le voit à chaque page pauvre médecin, pauvre mari, pauvre et malencontreux en toutes choses.

a. Dans le texte 1, soulignez les modalisateurs. Quel jugement est porté sur Charles ?

☐ mélioratif ☐ péjoratif

b. Dans le texte 2, soulignez les termes péjoratifs.

c. Relevez deux hyperboles mélioratives dans le texte 2.

....

....

d. De quoi Zola fait-il l'éloge ?

....

....

5 Étudier l'expression de l'incertitude dans un récit ★ ★ ★

George Sand, *Laura ou Voyage dans le cristal* (1864)

Le narrateur rencontre un mystérieux voyageur, nommé Nasias.

Il plaça devant mes yeux un diamant d'une blancheur, d'une pureté, d'une grosseur si prodigieuses, qu'il me fut impossible d'en soutenir l'éclat. Il me sembla que le soleil levant entrait dans la chambre par la fenêtre et venait se concentrer dans ce brillant avec toute la puissance de son rayonnement matinal. Je fermai les yeux, mais ce fut inutile. Une flamme rouge remplissait mes pupilles, une sensation de chaleur insupportable pénétrait jusque dans l'intérieur de mon crâne. Je tombai comme foudroyé, et j'ignore si je perdis connaissance, ou si je vis dans le reflet de cette gemme embrasée quelque chose dont je fusse capable de rendre compte…

Il y a une grande lacune à cet endroit dans ma mémoire. Il m'est impossible d'expliquer l'influence qu'à partir de cet événement mystérieux Nasias exerça sur moi.

a. Soulignez les expressions qui expriment le doute, l'incertitude.

b. Étudiez les perceptions visuelles du narrateur. Semblent-elles réelles ? Justifiez votre réponse.

....

....

....

....

....

....

....

....

....

c. En quoi la modalisation permet-elle de créer une atmosphère fantastique ?

....

....

....

....

....

....

....

....

....

45 Les discours rapportés et la concordance des temps

1 Discours rapportés

Paroles d'un personnage que le texte donne à entendre.

Discours direct

- Guillemets ou tirets.
- **Verbe de parole.**
- Marques d'oralité, ponctuation expressive (!, ?).

*Ex. : « Je meurs d'inquiétude ! **s'écria-t-il**. Tu ne leur as rien dit, n'est-ce pas ? »*

Discours indirect

- Pas de guillemets.
- **Verbe de parole obligatoire** + prop. sub. (conjonctive complétive ou interrogative indirecte) ou groupe infinitif.
- **Changement de temps et de personne** par rapport au discours direct.

*Ex. : Il **s'écria** [qu'il mourait d'inquiétude] et lui **demanda** [si elle ne leur avait rien dit].*

Discours indirect libre

- **Ni verbe de parole, ni guillemets.**
- Marques d'oralité et ponctuation expressive (!, ?).
- Changement de personne et de temps par rapport au discours direct.

Ex. : Il mourait d'inquiétude ! Elle ne leur avait rien dit, n'est-ce pas ?

Discours narrativisé

- Paroles résumées.
- Présence du champ lexical de la parole.

*Ex. : Il **exprima** son inquiétude à l'idée qu'elle leur ait parlé.*

2 La concordance des temps

Temps de la proposition principale	Temps de la proposition subordonnée – Antériorité	Simultanéité	Postériorité
Présent *Ex. : Elle affirme…*	Indicatif passé composé, imparfait. *Ex. : qu'il a menti, qu'il mentait.*	Indicatif présent. *Ex. : qu'il ment.*	Indicatif futur, futur antérieur. *Ex. : qu'il mentira, qu'il aura menti.*
Ex. : Elle réfute…	Subjonctif passé. *Ex. : qu'il ait menti.*	Subjonctif présent. *Ex. : qu'il mente.*	Subjonctif présent. *Ex. : qu'il mente demain.*
Passé *Ex. : Elle affirma/affirmait…*	Indicatif plus-que-parfait, passé antérieur. *Ex. : qu'il avait menti, lorsqu'il eut menti…*	Indicatif imparfait ou passé simple. *Ex. : qu'il mentait, lorsqu'il mentit.*	Conditionnel présent ou passé. *Ex. : qu'il mentirait, qu'il aurait menti.*
Ex. : Elle réfuta/réfutait…	Subjonctif passé ou plus-que parfait. *Ex. : qu'il ait/eût menti.*	Subjonctif présent ou imparfait. *Ex. : qu'il mente/mentît.*	Subjonctif présent ou imparfait. *Ex. : qu'il mente/mentît.*

Remarque La concordance des temps peut s'étendre à un énoncé ou à un texte entier.

Exercices

1 Identifier les caractéristiques de chaque discours ★

a. Dans chaque phrase, entourez le(s) verbe(s) de parole. Surlignez les guillemets ou tirets, s'il y en a.

1. Quand, beaucoup plus tard, il apprit qu'Albertine habitait alors avec moi, comprenant que je l'avais cachée à tout le monde, il déclara qu'il voyait enfin la raison pour laquelle, à cette époque de ma vie, je ne voulais jamais sortir **(M. Proust)**.

2. – Quoi, monsieur, lui dit-elle enfin, vous savez le latin ? **(Stendhal)**

3. Elle le pria d'abord éperdument, balbutiant des mots d'amour, des invocations passionnées et désespérées **(G. de Maupassant)**.

4. Toutes deux affectaient une surprise mauvaise. Eh bien ! quoi donc, ces gens voulaient y coucher, chez les Maheu ? Ce n'était pourtant pas si drôle **(É. Zola)**.

b. Quelles phrases contiennent une ponctuation expressive ?

....

....

c. Dans la phrase 1, soulignez la proposition subordonnée qui complète « déclara ». Quel type de proposition est-ce ?

....

d. Détaillez les temps des verbes dans chaque phrase.

....

....

....

....

....

....

e. D'après vos réponses précédentes, précisez quel type de discours rapporté est employé et rappelez ses caractéristiques (verbe de parole, ponctuation, proposition subordonnée, temps).

Phrase 1. ➜ Discours : ....

➜ Caractéristiques : ....

....

Phrase 2. ➜ Discours : ....

➜ Caractéristiques : ....

....

Phrase 3. ➜ Discours : ....

➜ Caractéristiques : ....

....

Phrase 4. ➜ Discours : ....

➜ Caractéristiques : ....

....

2 Identifier les discours rapportés ★

Nommez le type de discours rapporté utilisé.

1. « Mon frère, disait-elle, est de l'âge du grand cocotier de la fontaine, et moi, de celui du petit » **(Bernardin de Saint-Pierre)**.

➜ Discours : ....

2. Je lui expliquai plus clairement ce qu'on venait de m'annoncer **(D. Diderot)**.

➜ Discours : ....

3. Frédéric tâcha de la rassurer. C'étaient peut-être des embarras momentanés. Du reste, s'il apprenait quelque chose, il lui en ferait part **(G. Flaubert)**.

➜ Discours : ....

4. Quel fut mon étonnement, lorsqu'on me dit que depuis douze heures elle avait une fièvre ardente, qu'un médecin que ses gens avaient fait appeler déclarait sa vie en danger [...] ! **(B. Constant)**

➜ Discours : ....

3 Percevoir les spécificités des discours rapportés ★ ★

Pierre Choderlos de Laclos, *Les Liaisons dangereuses* (1782)

La jeune Cécile écrit à une amie.

Je ne sais encore rien, ma bonne amie. Maman avait hier beaucoup de monde à souper. Malgré l'intérêt que j'avais à examiner, les hommes surtout, je me suis fort ennuyée. Hommes et femmes, tout le monde m'a beaucoup regardée, et puis on se parlait à l'oreille ; et je voyais bien qu'on parlait de moi : cela me faisait rougir, je ne pouvais m'en empêcher. […]

J'ai encore entendu, après souper, un homme que je suis sûre qui parlait de moi, et qui disait à un autre : « Il faut laisser mûrir cela, nous verrons cet hiver. » C'est peut-être celui-là qui doit m'épouser ; mais alors ce ne serait donc que dans quatre mois ! Je voudrais bien savoir ce qui en est.

a. Dans le premier paragraphe, la jeune fille sait-elle exactement ce que l'on a dit d'elle ?

....

b. Quel discours rapporté repérez-vous dans le premier paragraphe ? Justifiez votre réponse en présentant ses caractéristiques dans le tableau.

☐ direct ☐ indirect ☐ narrativisé ☐ indirect libre

c. Quel autre type de discours rapporté est présent dans la suite du texte ? Justifiez votre réponse en présentant ses caractéristiques dans le tableau.

☐ direct ☐ indirect ☐ narrativisé ☐ indirect libre

	Narrativisé	Direct
Les paroles sont rapportées exactement.		
On ne sait pas exactement ce qui a été dit.		
Il y a un verbe de parole.		

4 Comprendre la concordance des temps ★ ★

Guy de Maupassant, *Le Papa de Simon* (1879)

« Tu leur diras, à tes camarades, que ton papa, c'est Philippe Remy, le forgeron, et qu'il ira tirer les oreilles à tous ceux qui te feront du mal. »

a. Relevez le verbe de parole dans la proposition principale et donnez son temps. À quels temps sont les verbes dans la proposition subordonnée ?

....

....

....

b. Lisez la suite du texte. À quel temps est le verbe souligné ? À quel temps et mode sont les verbes dans la subordonnée qui le complète ?

Guy de Maupassant, *Le Papa de Simon* (1879)

Le lendemain, comme l'école était pleine et que la classe allait commencer, le petit Simon se leva, tout pâle et les lèvres tremblantes : « Mon papa, dit-il d'une voix claire, c'est Philippe Remy, le forgeron, et il a promis qu'il tirerait les oreilles à tous ceux qui me feraient du mal. »

....

....

....

c. Quel rapport temporel unit les verbes de parole et les discours rapportés (antériorité, simultanéité, postériorité) ?

....

....

5 Appliquer la concordance des temps au discours indirect ★ ★

Abbé Prévost, *Manon Lescaut* (1731)

Je lui **ai dit** que cela était honnête pour le présent, mais que l'avenir amènerait à ma sœur de grands besoins ; qu'elle s'était chargée, d'ailleurs, du soin d'un jeune frère, qui nous était resté sur les bras après la mort de nos père et mère, et que, s'il la croyait digne de son estime, il ne la laisserait pas souffrir dans ce pauvre enfant qu'elle regardait comme la moitié d'elle-même.

a. Dans le discours indirect, relevez les verbes conjugués et classez-les en fonction du rapport temporel qui les unit au verbe de parole « ai dit ».

- Antériorité : ....
- Simultanéité : ....
- Postériorité : ....

b. Réécrivez le passage en mettant le verbe en gras au présent. Faites tous les changements nécessaires.

....

....

....

....

....

....

6 Transposer au discours indirect ★ ★

Transposez chaque phrase au discours indirect. Veillez aux temps des verbes et à l'emploi des pronoms.

1. – Il me reste vingt francs, répondit Rastignac ; mais j'irai les jouer, je gagnerai **(H. de Balzac).**

....

....

2. Il se remit à marcher, répétant, d'une façon continue, machinale : « Il faut que je sois énergique, très énergique. » **(G. de Maupassant)**

....

....

3. « Je me suis élevé à la force du poignet, je me suis fait tout seul », me disait-il **(E. Ionesco).**

....

....

7 Transposer au discours direct ★ ★

Transposez chaque phrase au discours direct. Veillez aux temps des verbes et à l'emploi des pronoms.

1. Je lui demandai ce qui l'amenait à Amiens, et si elle y avait quelques personnes de connaissance **(Abbé Prévost).**

....

....

2. Mais Zoé dit que madame Maloir avait filé sans qu'on s'en aperçût, comme à son habitude **(É. Zola).**

....

....

3. Un jour j'ai fait comme si j'allais avec eux au robinet du village et puis je leur ai dit que je ne rentrerais pas à la galère **(L. -F. Céline).**

....

....

8 Identifier et analyser l'emploi du discours indirect libre ★ ★

Gustave Flaubert, *Madame Bovary* (1857)

Les premiers mois de son mariage, ses promenades à cheval dans la forêt, le Vicomte qui valsait, et Lagardy chantant, tout repassa devant ses yeux… Et Léon lui parut soudain dans le même éloignement que les autres.
– Je l'aime pourtant ! se disait-elle.
N'importe ! elle n'était pas heureuse, ne l'avait jamais été. D'où venait donc cette insuffisance de la vie, cette pourriture instantanée des choses où elle s'appuyait ?…

a. Quel discours rapporté est présent dans le passage souligné ?

....

b. Quelles sont les caractéristiques de ce discours ?

- ☐ temps du présent
- ☐ temps du passé
- ☐ verbe de parole
- ☐ ponctuation expressive
- ☐ changement de personne

c. Que révèle-t-il sur l'état d'esprit du personnage ?

9 Analyser l'emploi des discours rapportés ★ ★ ★

Albert Camus, *L'Étranger* (1942)

Le narrateur, jugé pour meurtre, écoute le réquisitoire de l'avocat général.
C'est alors qu'il a parlé de mon attitude envers maman. Il a répété ce qu'il avait dit pendant les débats. Mais il a été beaucoup plus long que lorsqu'il parlait de mon crime, si long même que, finalement, je n'ai plus senti que la chaleur de cette matinée. Jusqu'au moment, du moins, où l'avocat général s'est arrêté et, après un moment de silence, a repris d'une voix très basse et très pénétrée : « Cette même cour, messieurs, va juger demain le plus abominable des forfaits : le meurtre d'un père. » Selon lui, l'imagination reculait devant cet atroce attentat. Il osait espérer que la justice des hommes punirait sans faiblesse. Mais, il ne craignait pas de le dire, l'horreur que lui inspirait ce crime le cédait presque à celle qu'il ressentait devant mon insensibilité.

a. Surlignez le discours direct, entourez le discours indirect libre et soulignez le discours narrativisé.

b. Pourquoi le recours aux discours rapportés donne-t-il l'impression que le narrateur est spectateur de son propre procès ?

10 Analyser l'emploi du discours direct ★ ★ ★

Annie Ernaux, *La Place* (1983)

Bavard, au café, en famille, devant les gens qui parlaient bien il se taisait, ou il s'arrêtait au milieu d'une phrase, disant « n'est-ce pas » ou simplement « pas », avec un geste de la main pour inviter la personne à comprendre et à poursuivre à sa place. Toujours parler avec précaution, peur indicible du mot de travers, d'aussi mauvais effet que de lâcher un pet. […]
Puisque la maîtresse me « reprenait », plus tard j'ai voulu reprendre mon père, lui annoncer que « se parterrer » ou « quart moins d'onze heures » n'*existaient pas*. Il est entré dans une violente colère. Une autre fois : « Comment voulez-vous que je ne me fasse pas reprendre, si vous parlez mal tout le temps ! » Je pleurais. Il était malheureux. Tout ce qui touche au langage est dans mon souvenir motif de rancœur et de chicanes douloureuses, bien plus que l'argent.

a. Soulignez les paroles prononcées par le père. Que reproche l'enfant au père ?

b. De quoi le langage du père est-il révélateur ?

c. Nommez les différents discours rapportés présents dans ce récit. Quelles tensions soulignent-ils ?

11 Employer les discours rapportés dans un paragraphe ★ ★ ★

Complétez ce paragraphe argumenté pour montrer que la poésie peut accompagner les luttes des hommes. Vous citerez les paroles des trois poètes suivants en variant les discours rapportés (direct, indirect, narrativisé…).

1. « Le poète en des jours impies
Vient préparer des jours meilleurs.
Il est l'homme des utopies ! » **(V. Hugo,** ***Les Rayons et les Ombres*****).**

2. « La poésie sera de la raison chantée, voilà sa destinée pour longtemps ; elle sera philosophique, religieuse, politique, sociale comme les époques que le genre humain va traverser » **(A. de Lamartine,** ***Méditations poétiques*****, préface).**

3. « Et mon chant ne se peut refuser d'être ; parce qu'il est une arme lui aussi pour l'homme désarmé, parce qu'il est l'homme même, dont la raison d'être est la vie » **(L. Aragon,** ***Les Yeux d'Elsa*****, préface).**

La poésie peut être engagée et accompagner les luttes des hommes. ……

46 Lire un texte et dégager un projet de lecture

Étape 1

Faire une première lecture - Effectuer des repérages

Lisez entièrement le texte et son paratexte (chapeau introductif, nom d'auteur, date, titre) :

- notez au brouillon le sens général et vos premières impressions (amusement, surprise, avis sur les personnages, etc.) ;
- mobilisez vos connaissances sur l'objet d'étude et sur le contexte d'écriture du texte.

Pour vérifier et approfondir ces premières hypothèses, procédez à des repérages généraux.

Qui parle ?

- **Récit** : narrateur à la 1re personne, 3e personne ? Narrateur-personnage ou extérieur à l'histoire ?
- **Poésie** : présence du poète ? Subjectivité ?
- **Théâtre** : monologue ou dialogue ? Nature de l'échange ? Volume des répliques ?
- **Argumentation** : marques de présence de l'énonciateur ? Impression d'objectivité ou de subjectivité ?

De quoi / de qui est-il question ?

- **Texte narratif** : que se passe-t-il ? Cadre spatio-temporel ?
- **Texte descriptif** : que décrit-on ?
- **Texte argumentatif** : thème ? Thèse(s) en présence ?

Comment ?

- Tonalité(s) ?
- Types de phrases, structure, articulation ?
- Temps verbaux dominants ?
- Registre(s) de langue ?
- Figures de style ?

Étape 2

Dégager les enjeux du texte et formuler une problématique

- Ces repérages vont vous permettre de dégager les enjeux du texte, ses caractéristiques et son originalité par rapport aux autres textes du même genre ou sur le même thème.
- À partir de ces hypothèses de lecture, vous pouvez formuler votre problématique : il s'agit de la question à laquelle votre commentaire va répondre, introduite par « comment » ou « en quoi ».
- Elle donnera lieu à une réponse organisée en plusieurs étapes : les parties de votre devoir.

Étape 3

Analyser et interpréter

- Vous devez à présent justifier vos hypothèses de lecture par des analyses précises qui combinent : **1.** une citation ou un relevé ; **2.** l'identification du procédé ; **3.** l'interprétation des effets produits.
- Chaque hypothèse peut être étudiée à l'aide d'un tableau d'analyse (voir exemple p. 95).

Il faut alors balayer le texte à la recherche d'éléments permettant d'étayer la piste de réflexion.

Étape 4

Construire un plan de commentaire

Le développement d'un commentaire contient deux ou trois grandes parties (ou axes) qui correspondent aux enjeux dégagés dans **l'étape 2**. À l'intérieur de ces axes, organisez vos remarques en trois ou quatre sous-parties qui regroupent les analyses dégagées dans **l'étape 3**.

Exercices

Jean Racine, *Britannicus*, acte I, scène 1 (1669)

La scène est à Rome, dans une chambre du palais de Néron.

AGRIPPINE, ALBINE

ALBINE. – Quoi ? tandis que Néron s'abandonne au sommeil,
Faut-il que vous veniez attendre son réveil ?
Qu'errant dans le palais sans suite et sans escorte,
La mère de César[1] veille seule à sa porte ?
Madame, retournez dans votre appartement.
AGRIPPINE. – Albine, il ne faut pas s'éloigner un moment.
Je veux l'attendre ici. Les chagrins qu'il me cause
M'occuperont assez tout le temps qu'il repose.
Tout ce que j'ai prédit n'est que trop assuré :
Contre Britannicus Néron s'est déclaré.
L'impatient Néron cesse de se contraindre ;
Las de se faire aimer, il veut se faire craindre.
Britannicus le gêne, Albine, et chaque jour
Je sens que je deviens importune à mon tour.
ALBINE. – Quoi ? vous à qui Néron doit le jour qu'il respire ?
Qui l'avez appelé de si loin à l'Empire ?
Vous qui déshéritant le fils de Claudius
Avez nommé César l'heureux Domitius[2] ?
Tout lui parle, Madame, en faveur d'Agrippine.
Il vous doit son amour.
AGRIPPINE. – Il me le doit, Albine.
Tout, s'il est généreux[3], lui prescrit cette loi,
Mais tout, s'il est ingrat, lui parle contre moi.

1. nom donné à tous les empereurs romains ; ici, Néron.
2. autre nom de Néron. 3. noble, capable de grandeur.

1 Faire une première lecture

Lisez le texte p. 94 et notez vos premières impressions et observations.

- Premières impressions de lecture : ....
....
- À propos du genre et du contexte : ....
....
....
....
....

2 Effectuer des repérages

Complétez cette liste pour faire de premiers repérages.

Qui parle ?

....

De quoi / de qui est-il question ?

....

Comment ?

- Tonalité : ....
- Types de phrases : ....
- Temps verbaux : ....
....
- Registre de langue : ....
- Figures de style : ....

3 Dégager les enjeux du texte et formuler une problématique

a. Parmi les hypothèses de lecture suivantes, surlignez celles qui vous paraissent pertinentes et expliquez à l'oral pourquoi les autres ne le sont pas.

1. Une intrigue inspirée de l'Histoire. **2.** Des conflits qui se dessinent. **3.** Un texte écrit en alexandrins. **4.** Un climat inquiétant. **5.** La règle des trois unités. **6.** Une scène d'exposition efficace. **7.** Le trouble des personnages. **8.** La mise en place du cadre spatio-temporel.

b. Parmi ces hypothèses, trouvez-en deux qui pourraient constituer des axes d'analyse.

....

c. À l'aide de ces axes, formulez une problématique.

En quoi ....
....

4 Analyser et interpréter

Complétez le tableau d'analyse pour étayer l'hypothèse de lecture suivante : « La présentation des personnages ».

Citations et relevés (mots, expressions, courts passages)	Procédés (faits de langue, figures de style, lexique)	Interprétations (effets que les procédés produisent, intentions qu'ils révèlent)
....	apostrophes	formule de politesse et simple prénom, qui soulignent la hiérarchie entre les personnages
« La mère de César », « vous à qui Néron doit le jour qu'il respire »	....	lien de parenté explicité
....	....	nom donné aux empereurs romains, ce qui révèle le statut de Néron
....	diérèse sur l'adjectif épithète	....

5 Construire un plan de commentaire

Organisez les pistes proposées en plan détaillé.

Pistes

- Un climat inquiétant
- Le cadre spatio-temporel
- Le trouble des personnages
- La présentation des personnages
- Une scène d'exposition efficace
- Des conflits qui se dessinent

Axe I : ....
....
1. ....
....
2. ....
....

Axe II : ....
....
1. ....
....
2. ....
....

47 Rédiger l'introduction et la conclusion d'un commentaire

Étape 1

Rédiger l'introduction

L'introduction doit attirer l'attention du lecteur de la copie. Elle s'organise en quatre étapes :

1. **présenter le texte** : auteur, titre, date de publication + éventuellement, informations sur le contexte historique et/ou littéraire, formes, genres…
2. préciser **les enjeux du texte** étudié ;
3. annoncer **la problématique** (question directe ou indirecte) ;
4. présenter **les axes de lecture**, c'est-à-dire les grandes parties de votre plan.

Étape 2

Rédiger la conclusion

La conclusion doit répondre à deux objectifs :

1. **formuler la réponse à la problématique**, avec concision ;
2. **élargir la réflexion** par une question d'ordre littéraire ou vers un autre texte, sans généralisation excessive.

Conseil Pour vous aider à résumer les idées du développement, vous pouvez employer la formule « nous avons vu que » qu'il vous suffira ensuite de supprimer.

Exercices

1 Comprendre les étapes de l'introduction

Complétez l'introduction proposée pour le commentaire du texte p. 94, en précisant certaines étapes à partir de l'exercice 5 p. 95 et en ajoutant des connecteurs logiques.

1. **Amorce** : Jouée pour la première fois en 1669, la tragédie de Racine intitulée *Britannicus* s'inspire de l'histoire romaine et narre la rivalité entre l'empereur Néron et son demi-frère Britannicus.

2. **Présentation** : La scène d'exposition……………………
……………………………………………………
……………………………………………………
……………………………………………………

3. **Problématique** : On peut…………………… se demander
……………………………………………………
……………………………………………………

4. **Annonce du plan** : Après avoir étudié……………………
……………………………………………………
nous verrons ……………………………………………
……………………………………………………

2 Comprendre les étapes de la conclusion

Complétez la conclusion proposée pour le commentaire du texte p. 94, en précisant certaines étapes à partir de l'exercice 5 p. 95 et en ajoutant des connecteurs logiques.

1. **Synthèse** : Ainsi, ……………………………………………
……………………………………………………
……………………………………………………
……………………………………………………
……………………………………………………
……………………………………………………
……………………………………………………
……………………………………………………
……………………………………………………
……………………………………………………
……………………………………………………

2. **Ouverture** : Même si le public connaît l'issue fatale et les crimes perpétrés par Néron, il tire son plaisir non de la découverte d'une histoire déjà connue de tous, mais de l'originalité et l'élégance avec lesquelles Racine la met en œuvre.

Rédiger un paragraphe de commentaire

48

Étape 1 — Annoncer le contenu de la partie

Dans un commentaire, chaque partie ou axe contient deux à trois paragraphes (ou sous-parties). L'ensemble des paragraphes forme le **développement**. Celui-ci rend compte du travail d'analyse et se rédige directement sur la copie.
Commencez chaque partie (ou axe) en annonçant son contenu dans une phrase entière. Celle-ci reprendra, de façon rédigée, le titre indiqué sur votre plan. → fiche 46, étape 4, p. 94

Étape 2 — Rédiger les sous-parties

Chaque sous-partie (ou piste) donne lieu à un paragraphe rédigé. → fiche 46, étape 4, p. 94
Celui-ci développe les analyses du tableau et se compose de :
- l'énoncé de **la piste étudiée** ;
- une **justification fondée sur des analyses** ;
- une **phrase de conclusion**.

Étape 3 — Rédiger les transitions

Entre les grandes parties (ou axes), rédigez un court paragraphe de transition qui contienne :
- **la synthèse de l'axe développé** ;
- **l'énoncé de l'axe suivant**.

On rédige ensuite les paragraphes d'analyse de la 2e partie.

Exercices

1 Annoncer le contenu de la partie

En vous aidant du brouillon de plan ci-dessous, complétez ce début de partie I (commentaire du texte p. 94).

Plan détaillé (brouillon)

Axe I. Une scène d'exposition efficace
1. Le cadre spatio-temporel
2. La présentation des personnages

Annonce rédigée à compléter :

Le passage étudié, situé au début de la pièce, constitue une habile entrée en matière. En effet, ...

....

....

....

....

2 Comprendre l'organisation d'un paragraphe

Lisez cette sous-partie I. 1, « Le cadre spatio-temporel », du commentaire du texte p. 94, et répondez aux questions.

Lorsque le rideau s'ouvre, le spectateur découvre rapidement le cadre spatial et temporel de l'intrigue. D'abord, le lieu est spécifié pour le lecteur par la didascalie initiale, qui combine deux compléments circonstanciels de lieu de plus en plus précis, « Rome » puis « une chambre ». L'association de la « chambre » et du « palais » croise d'ailleurs de façon métonymique les enjeux politiques et intimes qui fondent la tragédie à venir. Ensuite, le champ lexical du sommeil, avec les termes « sommeil », « réveil », « veille », tout en confirmant qu'Agrippine se trouve dans l'espace intime d'une chambre, souligne le moment de l'action, c'est-à-dire la nuit. Or, c'est justement cette heure très avancée qui alarme Albine et souligne le caractère inhabituel de la situation. Enfin, les noms propres « Néron » et « Agrippine » sont autant de marqueurs historiques qui ancrent l'intrigue au Ier siècle ap. J.-C. Habilement défini, le cadre spatio-temporel installe ainsi le spectateur dans l'intrigue.

a. Relevez la phrase indiquant l'idée générale du paragraphe.

....

....

b. Surlignez les citations, encadrez les procédés mentionnés et soulignez leurs interprétations.

c. Relevez la phrase de conclusion qui rappelle l'enjeu de la sous-partie.

....

....

d. Relevez les connecteurs logiques.

....

....

49 Insérer une citation et la commenter

Étape 1 — Choisir et délimiter la citation

Les citations permettent à votre commentaire d'être justifié et convaincant. Votre lecture du texte n'est complète que si elle s'appuie sur des **citations analysées**.

Un repérage doit être précis. Sélectionnez les **éléments pertinents** (termes isolés, expressions) et évitez de citer des passages trop longs.

Exemple de sélection :
On ne relève que les adjectifs « généreux » et « ingrat » pour étudier l'antithèse.

> « Tout, s'il est généreux, lui prescrit cette loi,
> Mais tout, s'il est ingrat, lui parle contre moi » (v. 21-22, p. 94)

Étape 2 — Analyser la citation et rédiger

L'analyse consiste à identifier le **procédé d'écriture** employé (lexique, figure de style, fait de langue…) et à étudier **les effets de sens** qu'il produit. → étape 3, fiche 46, p. 94

Expliquez le choix du procédé plutôt que la citation. Sinon, vous arriverez généralement à une simple redite du texte, appelée paraphrase.

Exemple d'analyse :

Repérage	Procédé	Interprétation
« Las de se faire aimer, il veut se faire craindre » (v. 12)	antithèse	revirement inquiétant de Néron

Il faut **associer les trois éléments de l'analyse** (citation, procédé, interprétation) dans une ou deux phrases en prenant soin d'**intégrer grammaticalement** la citation mise entre guillemets. Évitez d'employer les parenthèses.

Exemples de rédaction :

- Citation introduite par **la ponctuation** (les deux-points) : *L'inquiétant revirement de Néron est souligné par une antithèse : « Las de se faire aimer, il veut se faire craindre » (v. 12).*
- Citation annoncée par **l'adjectif « tel »** (s'accorde avec ce qui suit) ou par **la locution « tel que »** (s'accorde avec ce qui précède) : *L'inquiétant revirement de Néron est marqué par divers procédés,* ***telle*** *l'antithèse entre les verbes « aimer » et « craindre » (v. 12).*
- Citation insérée à l'aide des **expressions** « comme le montre », « comme le prouve », « comme en témoigne », etc. : *Les antithèses révèlent l'inquiétant revirement de Néron, comme en témoigne celle qui oppose les verbes « aimer » et « craindre » (v. 12).*
- Citation mise **en apposition** : *L'antithèse « aimer »/« craindre » (v. 12) met en évidence l'inquiétant revirement de Néron.*

Comment citer le texte

- **Les guillemets « »** reprennent des termes isolés ou des expressions, selon les besoins de l'analyse.
- Pour citer plusieurs mots qui ne se suivent pas dans le texte (ex. : étude d'un champ lexical), utilisez **les guillemets pour encadrer chacun des termes cités**.
- Employez **des crochets […] pour couper** à l'intérieur d'une citation.
- Respectez la **typographie des vers** : majuscule en début de vers, fin du vers marquée par un trait oblique ou par un retour à la ligne.

Exercices

1 Insérer la citation

a. Quelles maladresses peut-on relever dans les analyses suivantes ?

1. Les questions rhétoriques (« Quoi ? », « Faut-il que vous veniez attendre son réveil ? » par exemple) permettent à Albine d'exprimer son étonnement face à l'attitude singulière d'Agrippine.

……………………………………………………

……………………………………………………

2. Les questions rhétoriques telles que « Quoi ? tandis que Néron s'abandonne au sommeil, faut-il que vous veniez attendre son réveil ? » permettent à Albine d'exprimer son étonnement face à l'attitude singulière d'Agrippine.

……………………………………………………

……………………………………………………

3. Albine s'étonne du comportement d'Agrippine. « Quoi ? »

……………………………………………………

……………………………………………………

b. Rédigez correctement l'analyse.

2 Analyser la citation et rédiger

a. Dans ce paragraphe d'analyse, les citations se trouvent entre parenthèses. Réécrivez le paragraphe en introduisant les citations dans les phrases.

Le trouble d'Agrippine est d'abord perceptible à travers les réactions de sa confidente. L'étonnement d'Albine se manifeste en effet à travers les nombreuses questions rhétoriques qu'elle emploie dans sa réplique (« Quoi ? », « Faut-il que vous veniez attendre son réveil ? »). En particulier, l'emploi du pronom interrogatif déséquilibre le rythme de l'alexandrin et crée un effet de surprise (« Quoi ? »). Albine souligne la singularité du comportement d'Agrippine en usant d'une périphrase qui rappelle le haut rang de cette dernière. Cette périphrase crée un contraste avec le participe présent, à connotation péjorative, qui évoque ses déambulations nocturnes (« La mère de César »/ « errant »). D'ailleurs, la répétition de la préposition privative associée à l'adjectif montre que l'attitude d'Agrippine ne sied pas à son statut impérial (« sans suite et sans escorte », « seule »). Albine, en employant l'impératif, fait finalement montre d'autorité et tente de ramener sa maîtresse à la raison (« retournez »).

b. Le tableau ci-dessous analyse le texte p. 94 selon la piste « Des conflits qui se dessinent ». Rédigez des phrases d'analyse complètes pour chaque ligne du tableau.

Conseil Vous pourrez vous aider des formulations suivantes, qu'il s'agira de varier.

Cette idée... est soulignée, est rendue par, est mise en valeur par, est marquée par, est mise en évidence par, est traduite par, s'appuie sur...

Par ce procédé, l'auteur.../ Ce procédé... traduit, souligne, met en évidence, rend compte de, révèle, crée l'impression de/ que, suggère, a pour effet de...

Ce procédé... sert à, contribue à, concourt à, exprime, traduit, trahit, suggère, évoque...

Repérages	Procédés	Interprétations
1. « Contre Britannicus Néron s'est déclaré »	inversion syntaxique et césure à l'hémistiche	opposition exacerbée entre les deux demi-frères
2. « se contraindre », « gêne », « importune »	champ lexical de l'entrave	crise implicitement annoncée
3. « les chagrins »	pluriel hyperbolique	sens fort au XVIIe siècle : mot synonyme de « tourments », donc situation de crise
4. « impati/ent »	diérèse	insistance sur une des sources du conflit
5. « il veut »	verbe de volonté à l'indicatif présent, position centrale dans le vers	choix implacable de Néron, première manifestation tyrannique

1. ...

2. ...

3. ...

4. ...

5. ...

Activité 1

Observer et compléter un commentaire rédigé

Joachim Du Bellay, « Marcher d'un grave pas... »
Les Regrets, sonnet 86 (1558)

Marcher d'un grave pas, et d'un grave sourcil,
Et d'un grave sourire à chacun faire fête,
Balancer[1] tous ses mots, répondre de la tête,
Avec un *Messer non*, ou bien un *Messer si*[2] :

Entremêler souvent un petit *Et cosi*[3],
Et d'un *son Servitor*[4] contrefaire l'honnête[5],
Et, comme si l'on eût sa part en la conquête,
Discourir sur Florence, et sur Naples aussi :

Seigneuriser[6] chacun d'un baisement de main,
Et, suivant la façon du courtisan romain,
Cacher sa pauvreté d'une brave apparence :

Voilà de cette cour la plus grande vertu,
Dont[7] souvent mal monté[8], mal sain[9] et mal vêtu,
Sans barbe et sans argent on s'en retourne en France.

1. peser. 2. non, monsieur... oui, monsieur. 3. c'est ainsi (formule d'approbation). 4. je suis votre serviteur. 5. l'homme de bonne compagnie. 6. traiter en grand seigneur. 7. d'où. 8. sur un mauvais cheval. 9. en mauvaise santé.

Voici un exemple de commentaire sur le poème « Marcher d'un grave pas... » de Joachim Du Bellay.

Remarque : ce commentaire ne tient pas lieu de modèle mais vous propose une lecture possible parmi d'autres. En effet, plusieurs versions d'un plan ou d'un commentaire sont pertinentes, tant qu'elles sont argumentées et fondées sur le texte.

Lisez le commentaire proposé, répondez aux questions posées dans la colonne de gauche et complétez les pointillés.

a. En vous aidant du paratexte, complétez la présentation générale.

b. Transformez la problématique en question directe.

....
....
....
....

c. En vous aidant des titres entre crochets p. 100-102, complétez l'annonce du plan.

d. Dans ce paragraphe, surlignez l'expression qui annonce la sous-partie I. 1.

e. Proposez un connecteur logique pour introduire la sous-partie I. 1.

f. Complétez la sous-partie I. 1 par les citations attendues.

[Introduction]

[Présentation générale] Publié en ...., au retour de Du Bellay en France, le recueil intitulé .... évoque la Rome du XVIe siècle, dans laquelle séjourna le poète venu accompagner son oncle en qualité de secrétaire. *[Enjeux du texte]* L'auteur évoque ses désillusions et la souffrance de l'exil, mais brosse aussi quelques portraits satiriques dont l'un des plus célèbres est celui du courtisan. Le sonnet 86 parvient ainsi, en quelques vers, à faire voir et entendre les courtisans de la cour pontificale. *[Problématique]* On peut dès lors se demander comment l'évocation du personnage de cour donne matière à la satire. *[Annonce du plan]* Après avoir étudié ....
...., nous nous intéresserons à
....

[Axe I. Le portrait du courtisan]

Observateur à la fois précis et lucide des comportements humains, Du Bellay brosse en l'espace de quatorze vers une représentation très vivante du courtisan.

[1. Un portrait en actes]

Cette vivacité tient .... à la structure énumérative des trois premières strophes. Aucune ponctuation forte ne vient interrompre la liste d'infinitifs évoquant tous des actions : « .... » (v. 1), « .... » (v. 2), « .... » (v. 3), « .... » (v. 3), « .... » (v. 5), etc. L'évocation visuelle est dominée par une impression de balancement que l'on perçoit jusque dans le rythme, avec de nombreuses césures à l'hémistiche. On retrouve cette régularité dans l'alternance « .... » (v. 4), puisque la conjonction de coordination « ou » marque nettement le

* figure de style qui associe en une seule fois le sens propre et le sens figuré d'un mot.

rythme binaire, ainsi que dans l'emploi répété de la conjonction de coordination « .... » pour relier les actions (v. 1, 2, 6, 7, 10). D'ailleurs, l'expression « balancer tous ses mots » constitue une syllepse de sens* : au sens propre suggéré par l'expression « répondre de la tête », se superpose le sens figuré d'hésitation. Ce comportement, allant d'une attitude à une autre, peut déjà susciter une certaine méfiance. L'évocation est aussi sonore : non seulement le champ lexical de la parole abonde, avec les termes « .... », « .... » (v. 3), « .... » (v. 5), « discourir » (v. 8), mais les sujets des conversations sont également rapportés : « .... » (v. 8). L'insertion de mots italiens tels que « .... », « .... » (v. 4), « .... » (v. 5) ou « .... » (v. 6) donne l'impression de les entendre. Cette évocation à la fois visuelle et sonore permet donc au lecteur de mieux se représenter les personnages.

g. Quelle est la fonction du passage souligné ?

....

....

....

[2. L'hypocrisie avant tout]

On perçoit très vite que toutes les attitudes évoquées sont placées sous le signe de la dissimulation et de la feinte. « Contrefaire », « comme si » suivi du conditionnel passé, « cacher », « apparence » constituent le champ lexical de la fausseté dont chacun fait preuve dans ses manières ou dans sa façon de s'adresser aux autres. Le souci des apparences se manifeste dans les expressions du visage : les formules « grave sourire », « faire fête » (v. 2), « brave apparence » (v. 11) et l'oxymore « contrefaire l'honnête » (v. 6) mettent l'accent sur tout ce qui se voit, sur la volonté de feindre le sérieux et la gravité. Cette solennité surjouée crée des contrastes cocasses : le « grave sourire » semble en effet peu adapté lorsqu'il s'agit de « faire fête » (v. 2). Les rapports avec autrui sont fondés sur l'hypocrisie : la politesse est excessive comme le signale la répétition de « *Messer* » ou l'adverbe de fréquence « souvent » (v. 5). Les signes de tête ou le « baisement de main » (v. 9) sont autant de feintes d'humilité, de même que le néologisme « seigneuriser » (v. 9) souligne l'artificialité d'un comportement qui cherche à transformer chacun en seigneur. Quant aux sujets abordés dans les discussions, ils révèlent la volonté de faire l'important et de ressembler aux autres en évoquant des thèmes politiques d'actualité (il s'agit ici de la conquête de l'Italie par la France).

h. À l'aide du code couleur proposé, repérez dans ce paragraphe :
- les citations
- les procédés d'analyse
- les interprétations

[Axe II. La dimension satirique]

Ainsi, tout ce qui caractérise le courtisan relève d'apparence et dénote un manque de spontanéité, en même temps qu'une affectation systématique dans le comportement. ....
....
....
....

i. Rédigez la deuxième étape de la transition entre les axes I et II.

[1. ....]

j. Proposez un titre pour la sous-partie II. 1.

En effet, les jugements railleurs du poète sont perceptibles dès l'ouverture du sonnet. La répétition de l'adjectif « grave » à trois reprises ainsi que l'.............................. « grave sourire » (v. 2) indiquent d'emblée la critique ironique. L'.............................en [R] et l'assonance en [a] dans les vers 1 et 2 insistent de façon moqueuse sur l'impression de gravité et l'apparente profondeur des courtisans. De même, l'.................................... des conjonctions « et » rend la politesse presque caricaturale : la considération d'autrui est affichée trop ouvertement pour être sincère. On retrouve cette critique dans le néologisme « seigneuriser », puisque le suffixe insiste sur le caractère systématique et donc peu crédible du comportement. Et le rythme du vers lui-même, par son effet de decrescendo en 4/2/4/2, semble imiter le mouvement de flexion respectueuse. De plus, la dimension obligatoire et généralisée des hommages, signalée par les

k. Complétez la sous-partie II. 1 en identifiant les procédés.

pronoms « chacun » (v. 2 et 9) ou « tous » (v. 3), en détériore la portée, puisqu'ils deviennent mécaniques. Au vers 4, le parallélisme fondé sur la répétition de « *Messer* » rend absurde la réponse ainsi formulée : elle semble distribuée au hasard, sans tenir compte de la question posée. La formule « *Et cosi* » paraît d'ailleurs tout aussi artificielle. ....

l. Complétez en rédigeant une brève conclusion partielle.

....

....

....

[2. Une vérité qui se dévoile peu à peu]

Dès lors, le sonnet progresse des apparences à la réalité. Les infinitifs sont de moins en moins nombreux mais de plus en plus explicites : le dernier est le verbe « cacher » (v. 11), représentatif du comportement décrié. C'est seulement dans le premier tercet que l'identité du sujet est révélée avec la périphrase du « courtisan romain » (v. 10). Le jugement se radicalise avec l'antithèse entre « pauvreté » et « brave apparence » (v. 11) : l'adjectif « brave » joue ici sur deux sens possibles, qualifiant à la fois l'élégance vestimentaire et la valeur morale. Mais le courtisan n'est attaché qu'au paraître : sa droiture et sa loyauté ne sont qu'une illusion. Comme souvent dans un sonnet, la dernière strophe prend les allures d'une chute : le poète tire une amère conclusion qui tranche avec ce qui précède. Annoncé par les deux points, le bilan désabusé s'ouvre sur la formule conclusive « voilà » (v. 12) qui résume la longue énumération d'infinitifs, et frappe par sa tonalité ironique : l'antiphrase « la plus grande vertu » est ainsi mise en valeur par sa position à la rime et par le superlatif, tandis que la rime avec « vêtu » (v. 13) rappelle encore le jeu des apparences.

[3. La pointe morale]

Le dernier tercet livre alors la conclusion et permet d'élargir la portée du propos. La visée générale du sonnet se percevait déjà dans la valeur générique des désignations telles que « la façon du courtisan » (v. 10) ou l'usage systématique des infinitifs. Dans la dernière strophe, l'énumération d'adjectifs précédés de l'adverbe « mal » permet de révéler les caractéristiques réelles de la cour romaine : « mal monté, mal sain et mal vêtu » (v. 13). La répétition de la préposition « sans » dans « sans barbe et sans argent » (v. 14) insiste sur l'idée de privation et fait écho à la formule « mal sain ». L'accumulation de ces diverses expressions est soulignée par leur disposition en rythme ternaire, puis binaire. Le dernier hémistiche frappe par sa brutale simplicité : on y trouve le seul verbe conjugué du poème, « on s'en retourne », qui marque le retour à la réalité et peut-être une note d'espoir avec l'évocation finale de la « France ». L'emploi du pronom impersonnel « on » et le présent de vérité générale confèrent alors à la chute une portée plus large. On devine que le poète s'est à lui-même appliqué la leçon qu'il énonce.

[Conclusion]

m. Dans le bilan, surlignez les éléments qui font référence à l'axe I. Soulignez ceux qui font référence à l'axe II.

[Bilan] Ainsi, le portrait des courtisans romains brossé par Du Bellay séduit par son efficacité : la progression du sonnet permet de dévoiler la réalité d'un comportement fondé sur les faux-semblants et l'hypocrisie. La condamnation est d'autant plus réussie qu'elle s'appuie sur une représentation précise et évocatrice qui donne à voir et à entendre l'attitude critiquée. *[Ouverture]* Mais que le lecteur ne se méprenne pas : Du Bellay élargira ce constat désabusé des défauts de la cour italienne à celle de son propre pays. De retour en France, il rédigera ainsi le sonnet 150 « Seigneur, je ne saurais regarder d'un bon œil » qui dénonce de façon plus marquée encore l'hypocrisie et la bêtise des flatteurs de cour.

n. Quels points communs justifient le rapprochement entre le sonnet étudié et le sonnet 150 ?

....

....

....

....

....

....

Activité 2

Rédiger un commentaire guidé

Voici un extrait des *Mots* de Jean-Paul Sartre. Lisez-le attentivement, puis réalisez les activités suivantes pour analyser le texte et élaborer un commentaire.

Jean-Paul Sartre, *Les Mots* (1964)

Un jour – j'avais sept ans – mon grand-père n'y tint plus : il me prit par la main, annonçant qu'il m'emmenait en promenade. Mais, à peine avions-nous tourné le coin de la rue, il me poussa chez le coiffeur en me disant : « Nous allons faire une surprise à ta mère. » J'adorais les surprises. Il y en avait tout le temps chez nous. Cachotteries amusées ou vertueuses, cadeaux inattendus, révélations théâtrales suivies d'embrassements : c'était le ton de notre vie. Quand on m'avait ôté l'appendice, ma mère n'en avait pas soufflé mot à Karl[1] pour lui éviter des angoisses qu'il n'eut, de toute manière, pas ressenties. Mon oncle Auguste avait donné l'argent ; revenus clandestinement d'Arcachon, nous nous étions cachés dans une clinique de Courbevoie. Le surlendemain de l'opération, Auguste était venu voir mon grand-père ; « Je vais, lui avait-il dit, t'annoncer une bonne nouvelle. » Karl fut trompé par l'affable solennité de cette voix : « Tu te remaries ! – Non, répondit mon oncle en souriant, mais tout s'est très bien passé. – Quoi, tout ? », etc., etc. Bref les coups de théâtre faisaient mon petit ordinaire et je regardai avec bienveillance mes boucles rouler le long de la serviette blanche qui me serrait le cou et tomber sur le plancher, inexplicablement ternies ; je revins glorieux et tondu.

Il y eut des cris mais pas d'embrassements et ma mère s'enferma dans sa chambre pour pleurer : on avait troqué sa fillette contre un garçonnet. Il y avait pis : tant qu'elles voltigeaient autour de mes oreilles, mes belles anglaises[2] lui avaient permis de refuser l'évidence de ma laideur. Déjà, pourtant, mon œil droit entrait dans le crépuscule[3]. Il fallut qu'elle s'avouât la vérité. Mon grand-père semblait lui-même tout interdit : on lui avait confié sa petite merveille, il avait rendu un crapaud ; c'était saper à la base ses futurs émerveillements.

1. grand-père du narrateur. 2. boucles de cheveux.
3. Sartre a perdu l'usage d'un œil alors qu'il était enfant.

1 Lire le texte et dégager un projet de lecture

a. Que raconte le texte ? Répondez en une phrase.

....

....

b. Justifiez chaque hypothèse de lecture en répondant aux questions.

1re hypothèse

Le passage narre de façon plaisante et dynamique une anecdote autobiographique.

- Quels éléments confirment l'identité auteur-narrateur-personnage ?

....

....

....

....

....

- Quels procédés rendent la narration dynamique ?

....

....

....

....

....

....

....

....

- Comment le texte exploite-t-il l'idée de surprise ?

....

....

....

....

2e hypothèse

Le narrateur porte un regard lucide sur son enfance.

En quoi le jugement que le narrateur porte sur lui-même est-il plutôt péjoratif ?

....

....

Comment apparaît son environnement familial ?

....

....

....

3e hypothèse

La séance chez le coiffeur constitue un rite de passage.

Relevez les antithèses. Quel effet produisent-elles ?

....

....

....

....

Relevez et interprétez une expression ironique.

....

....

....

4e hypothèse

Le récit est nourri de références.

À quels genres littéraires le récit fait-il allusion ?

....

....

....

....

c. À l'aide de ces repérages, surlignez la problématique qui pourrait guider l'étude du texte.

1. Pourquoi le narrateur regrette-t-il sa séance chez le coiffeur ? **2.** Comment une anecdote plaisante et anodine se révèle-t-elle riche d'enseignements ? **3.** En quoi ce récit est-il particulièrement dynamique et plaisant ? **4.** En quoi ce récit relève-t-il du genre autobiographique ?

d. Organisez les pistes ci-dessous dans un plan détaillé (2 axes, ou parties, étayés par 3 arguments, ou sous-parties, chacun).

1. La vivacité de la narration. **2.** Des codes littéraires pour déchiffrer le monde. **3.** De l'enfance au monde adulte. **4.** Un récit plein d'humour. **5.** Une anecdote plaisante et dynamique. **6.** Un regard neuf sur sa famille. **7.** Une révélation sur soi-même. **8.** Les effets d'attente.

Axe I : ....

1. ....

2. ....

3. ....

Axe II : ....

1. ....

2. ....

3. ....

e. Reprenez les arguments dégagés dans la question d et faites correspondre à chacun d'eux un des procédés suivants.

1. Champ lexical du secret : ....

....

2. Antiphrase ironique : ....

3. Succession de propositions juxtaposées : ....

....

4. Métaphore à valeur d'euphémisme : ....

....

5. Analepse insérée dans l'anecdote : ....

....

f. Quel argument pouvez-vous illustrer avec les citations suivantes ?

1. « on lui avait confié sa petite merveille, il avait rendu un crapaud » : ....

....

2. « je revins glorieux et tondu » : ....

....

3. « Il fallut qu'elle s'avouât la vérité » : ....

....

4. « Un jour – j'avais sept ans – mon grand-père n'y tint plus : il me prit par la main, annonçant qu'il m'emmenait en promenade » : ....

5. « l'évidence de ma laideur » : ....

....

6. « tout s'est bien passé » : ....

....

g. Remplissez le tableau d'analyse pour la sous-partie consacrée à « La vivacité de la narration ».

Citations et relevés	Procédés	Interprétations
....	....	....
....	....	....
....	....	....
....	....	....

2 Rédiger l'introduction, la conclusion et la transition

a. Complétez ci-dessous la trame proposée pour la rédaction de l'introduction.

AMORCE : Jean-Paul Sartre, *Les Mots*, 1964. Sartre : philosophe, dramaturge, romancier. Autobiographie qui relate sa jeunesse et son initiation à la littérature.

PRÉSENTATION : première visite chez le coiffeur, anecdote anodine et pourtant décisive qui sert de prise de conscience et de révélation d'une forme d'imposture.

PROBLÉMATIQUE (question directe ou indirecte). Recopiez ici la problématique trouvée dans l'exercice 1. c.

....

....

ANNONCE DU PLAN : présentation des axes. Recopiez ici les axes I et II trouvés dans l'exercice 1. d.

....

....

b. D'après cette trame, rédigez l'introduction en entier.

....

....

....

....

....

....

....

....

....

....

....

....

c. Sur une feuille à part, rédigez la conclusion du commentaire.

Remarque : pour l'ouverture, vous pouvez faire référence, au choix :

- à une autre œuvre : *Enfance* de Nathalie Sarraute, œuvre autobiographique dans laquelle la narratrice évoque, de façon fragmentaire, les événements qui ont marqué son enfance.
- à une citation : Philippe Lejeune, universitaire, écrit en 1998 dans *Les Brouillons de soi* : « Un autobiographe, ce n'est pas quelqu'un qui dit la vérité, mais quelqu'un qui dit qu'il la dit ».
- à une réflexion générale : selon Philipe Lejeune, on trouve derrière l'autobiographie un « pacte » conclu entre le lecteur et l'auteur ; l'autobiographe prend un engagement de sincérité et, en retour, attend du lecteur qu'il le croie sur parole.

d. Complétez le paragraphe de transition entre l'axe I et l'axe II du commentaire. Aidez-vous de vos réponses à l'exercice 1. d. et à l'exercice 2 a.

Ainsi, la narration transforme .... en une véritable aventure, ... Mais le ton amusé du narrateur, tout en révélant le regard distancié de l'adulte sur sa propre enfance, traduit aussi ....

3 Rédiger un paragraphe de commentaire

À partir du tableau d'analyse ci-dessous, complétez le paragraphe consacré à « Une révélation sur soi-même ».

Citations et relevés	Procédés	Interprétations
« appendice », « clinique », « opération »	champ lexical de la maladie	enfant fragile, sujet à la maladie
« mon œil droit entrait dans le crépuscule »	métaphore à valeur d'euphémisme	enfant qui devient aveugle
« crapaud »	métaphore péjorative	jugement négatif qui accentue la laideur
« mes belles anglaises »/« ma laideur »	antithèse	révélation d'une vérité peu gratifiante

La séance chez le coiffeur est d'abord le déclencheur d'une prise de conscience quant à sa propre image. En effet, le narrateur, ...

....

....

....

....

....

....

....

....

....

....

....

....

50 Analyser un sujet de dissertation et construire un plan

Étape 1 — Analyser le sujet

Le sujet de dissertation se présente sous la forme d'une question ou d'une consigne invitant à la réflexion. Il peut s'appuyer sur une citation d'auteur ou de critique littéraire. Il porte sur **une œuvre étudiée** et sur **le parcours qui lui est associé**.

Repérez ses mots-clés pour comprendre les enjeux de la question et ouvrir des pistes de réflexion.

Définir les mots-clés du sujet

- Définissez chaque terme : cherchez des synonymes, des notions proches.

Mobiliser ses connaissances

- Cherchez à quoi correspond le mot-clé dans l'œuvre étudiée.
- Mettez les mots-clés en relation avec le thème du parcours de lecture étudié en classe.

Identifier les relations entre mots-clés

- Étudiez le lien entre les mots-clés : opposition ? équivalence ?
- Y a-t-il d'autres notions opposées aux mots-clés ?
- Quels contre-exemples, quelles limites peut-on trouver ?

Analyser la consigne

Si le sujet contient :

- une question fermée, des termes appelant à la discussion (*dans quelle mesure, discutez*), des points à nuancer (*uniquement, toujours*) : il faut discuter une thèse.
- une question ouverte (*quels, comment, pourquoi*) : il faut apporter différentes réponses.

Ex. : analyse de sujet

> SUJET Dans la préface de son roman *Pierre et Jean*, Maupassant déclare : « les Réalistes de talent devraient plutôt s'appeler des Illusionnistes ». Dans quelle mesure le roman *Bel-Ami* illustre-t-il cette vision du Réalisme ?

*– **Mots-clés** : « Réalistes » = auteurs liés à un mouvement littéraire, qui montrent la réalité ; « Illusionnistes » = qui créent une illusion, une fiction*

*– **Dans l'œuvre** : milieu du journalisme, société et rapports humains décrits avec réalisme, héros fictif, art du romancier*

*– **Dans le parcours (classe de 1re) ou la séquence** : « Le roman » → penser aux différentes conceptions du roman*

*– **Relations logiques** : Réalistes ≠ Illusionnistes → le roman montre-t-il la réalité ou imite-t-il le réel ?*

*– **Consigne** : « Dans quelle mesure » → il faut discuter la thèse proposée*

Étape 2 — Formuler la problématique

La problématique est une question, directe ou indirecte. Elle répond à deux objectifs :

- reformuler le sujet en reprenant ses mots-clés ;
- rendre explicites tous les enjeux du sujet.

Étape 3 — Déterminer le type de plan

- Trouvez à partir de la problématique **deux ou trois pistes de réflexion** : ce seront vos grandes parties.
- Vous pouvez recourir à deux types de plan.

Plan dialectique (antithétique)

- Amené par une question fermée ou équivalent (ex. : *dans quelle mesure*).
- On discute une thèse en montrant :
  – son bien-fondé (partie I) ;
  – ses limites (partie II) ;
  – si possible, comment dépasser l'opposition (partie III).

Plan analytique (thématique)

- Amené par une question ouverte.
- On développe les différents aspects d'une thèse.
- Chaque partie est une réponse possible.

Étape 4 — Construire le plan détaillé avec les arguments et les exemples

- Cherchez ensuite **deux ou trois arguments** (ou sous-parties) par grande partie.
- Trouvez **un ou deux exemples** pour illustrer chaque argument :
  – dans l'œuvre étudiée pendant l'année : remarque sur l'ensemble de l'œuvre (structure, thème, évolution d'un personnage, etc.), passage précis, situé (acte/chapitre...) et cité ;
  – dans le parcours en lien avec cette œuvre : texte précis, avec son auteur et son titre, cité ou résumé. On peut faire référence à un aspect précis d'un mouvement littéraire.
- Organisez vos arguments et vos exemples dans un **plan détaillé**.

Exercices

1 Analyser le sujet et formuler la problématique

Sujet 1 « Mais si notre cœur entre pour quelque chose dans l'intérêt que nous prenons aux personnages de la Tragédie, c'est moins parce qu'ils sont héros ou Rois que parce qu'ils sont hommes et malheureux », affirmait Beaumarchais dans son *Essai sur le genre dramatique sérieux*. Ce jugement vous semble-t-il s'appliquer à la tragédie que vous avez lue ? Vous répondrez en vous appuyant sur la lecture de l'œuvre et sur le parcours associé.

a. Soulignez les mots-clés dans le sujet.

b. Relevez une opposition parmi les mots-clés.

....

....

c. Quelle caractéristique des héros de tragédie est soulignée par l'attribut « héros ou Rois » ?

....

....

d. Expliquez l'opposition présente dans le sujet.

....

....

....

....

2 Déterminer le type de plan

À partir d'une citation du *Misanthrope* de Molière, on propose quatre consignes différentes. Dites quel type de plan convient le mieux à chaque consigne.

« Je veux qu'on soit sincère, et qu'en homme d'honneur/ On ne lâche aucun mot qui ne parte du cœur », déclare Alceste, le héros du *Misanthrope*.
Sujet 2 Dans quelle mesure Alceste incarne-t-il cet « homme d'honneur » ?
Sujet 3 Expliquez en quoi Alceste incarne bien « un homme d'honneur ».
Sujet 4 Pensez-vous qu'Alceste incarne seulement des valeurs positives, comme la sincérité ou l'honneur ?
Sujet 5 En quoi la pièce est-elle un plaidoyer pour la sincérité et une dénonciation de l'hypocrisie ?

Sujet 2. ☐ plan dialectique ☐ plan analytique
Sujet 3. ☐ plan dialectique ☐ plan analytique
Sujet 4. ☐ plan dialectique ☐ plan analytique
Sujet 5. ☐ plan dialectique ☐ plan analytique

3 Construire le plan détaillé avec les arguments et les exemples

Sujet 6 Un véritable héros de roman peut-il être un personnage peu recommandable ? Vous répondrez en vous appuyant sur le roman étudié en classe et sur le parcours associé.

a. En vous appuyant sur les extraits de romans étudiés en classe, trouvez des exemples permettant d'illustrer les arguments suivants.

Partie I. Le héros de roman est imparfait, à l'image des hommes qu'il imite.

1. Le roman doit reproduire avec vérité les êtres humains et donc faire apparaître leurs défauts.

Ex. : ....

....

....

....

2. Le héros de roman, s'il est peu recommandable, fera réfléchir le lecteur et soulèvera un jugement moral.

Ex. : ....

....

....

....

3. Le héros, même s'il est peu recommandable, dispose de qualités qui le rendent exceptionnel.

Ex. : ....

....

....

....

Sujet 7 Stendhal a écrit : « un roman est un miroir qui se promène sur une grande route » (*Le Rouge et le Noir*, 1830). Êtes-vous d'accord avec cette affirmation après votre lecture du roman *Corniche Kennedy* ? Vous répondrez en vous appuyant sur votre lecture du roman ainsi que sur les textes du parcours associé.

b. Répartissez les arguments proposés (1 à 6) en deux grandes parties, formulez les deux thèses.

1. *Corniche Kennedy* ne se contente pas de peindre la réalité mais montre des conflits et des passions exacerbés. **2.** *Corniche Kennedy* nous propose un reflet de la vie et des préoccupations des adolescents d'aujourd'hui. **3.** Dans *Corniche Kennedy* le comportement des personnages est symbolique, il incarne une posture face à l'existence, entre défi et attente. **4.** L'écriture de *Corniche Kennedy* est réaliste : les dialogues et la focalisation font entendre le langage et les préoccupations des personnages. **5.** *Corniche Kennedy* s'apparente à un documentaire, il nous plonge au cœur d'un groupe d'adolescents. **6.** *Corniche Kennedy* ne se contente pas de refléter le monde, il le questionne.

Partie I. ....

....

Arguments n^{os} ....

Partie II. ....

....

....

Arguments n^{os} ....

51 Rédiger l'introduction et la conclusion d'une dissertation

Étape 1

Rédiger l'introduction

Rédigez au brouillon votre introduction en respectant quatre grandes étapes :

1. **l'amorce** : amenez le sujet en vous appuyant sur vos connaissances de l'œuvre étudiée (auteur, mouvement littéraire, thème, etc.). Évitez les lieux communs du type « De tout temps ».
2. **la présentation du sujet** : reprenez le sujet, donnez la citation s'il y en a une et expliquez rapidement ses enjeux.
3. **la problématique** : écrivez votre problématique sous forme de question directe ou indirecte. Attention à la ponctuation de votre question (pas de point d'interrogation aux questions indirectes).
4. **l'annonce du plan** : annoncez les parties de votre plan, en écrivant une phrase par partie. Évitez les annonces lourdes du type « dans une première partie... », préférez des connecteurs logiques.

Étape 2

Rédiger la conclusion

Rédigez également votre conclusion au brouillon en suivant ces deux étapes :

1. **la réponse à la problématique** : faites la synthèse de votre raisonnement en reprenant les plus importantes de vos idées. De cette manière, répondez à la problématique posée dans l'introduction.
2. **l'ouverture** : élargissez la réflexion, vers une autre époque, un autre sujet, genre ou art. Vous pouvez faire référence à une citation, un écrivain ou une œuvre si vous ne les avez pas cités ailleurs.

Exercices

1 Rédiger l'introduction

SUJET 1 Après avoir vu la pièce *Iphigénie*, Boileau écrivit : « Que tu sais bien, Racine, à l'aide d'un acteur,/ Émouvoir, étonner, ravir un spectateur ! » Dans quelle mesure la pièce que vous avez lue a-t-elle pour but d'émouvoir, étonner et ravir ? Vous vous appuierez sur votre lecture de l'œuvre et sur le parcours associé.

Un élève a écrit une introduction pour le sujet 1. Corrigez les erreurs de méthode ou de rédaction.

En adaptant au théâtre le mythe d'Iphigénie, jeune fille sacrifiée pour permettre aux navires grecs de partir en guerre, Racine a choisi une héroïne particulièrement touchante et pathétique. D'après le sujet, Boileau déclara, après avoir vu la pièce, Que tu sais bien, Racine, à l'aide d'un acteur,/ Émouvoir, étonner, ravir un spectateur ! Je pense que Boileau souligne la capacité du dramaturge à faire naître les émotions. Émouvoir au sens étymologique, c'est remuer, ébranler. On peut se demander si l'art du dramaturge consiste-t-il seulement à ébranler le spectateur en suscitant en lui des émotions fortes ? Dans la première partie de la dissertation, nous verrons que la pièce fait naître des émotions chez le spectateur, puis nous verrons qu'elle s'adresse aussi à sa raison et qu'elle le fait réfléchir.

....

....

....

....

....

....

....

....

....

....

....

....

2 Comprendre les étapes de la conclusion

SUJET 2 Dans quelle mesure le roman de Maupassant *Bel-Ami* est-il un roman d'apprentissage ? Vous vous appuierez sur votre lecture de l'œuvre et sur le parcours associé.

Un élève a rédigé une conclusion pour le sujet 2. Repérez ses deux étapes en les séparant par un trait.

Ainsi, le roman de Maupassant *Bel-Ami* nous montre la trajectoire d'un héros, Georges Duroy, son évolution sociale et son ascension remarquable. Pourtant Duroy ne change pas de personnalité, son caractère n'évolue pas : au début du roman, il possède déjà les qualités ou les défauts qui lui permettront de s'élever, comme la capacité à séduire, l'opportunisme, l'aptitude à nouer des relations profitables. Plus qu'un roman d'apprentissage, c'est donc un roman d'analyse d'un personnage et d'une époque que nous propose Maupassant. On peut opposer Georges Duroy à certains héros qui évoluent véritablement : on pense à Rastignac qui, en l'espace d'un roman, *Le Père Goriot* de Balzac, abandonne ses idéaux et ses valeurs pour se lancer à la conquête de Paris.

Rédiger un paragraphe de dissertation

52

Étape 1

Annoncer l'argument

Dans une dissertation, chaque paragraphe correspond à un argument, à une sous-partie.
Un paragraphe comporte quatre étapes.

- Après un alinéa, **annoncez l'idée** si vous êtes au début de la partie (reprenez dans une phrase le titre de la partie I, II ou III).
- **Annoncez l'argument** (formulez dans une phrase le titre de la sous-partie 1).

Conseil Utilisez le présent de vérité générale, évitez la 1re personne du singulier. Rédigez tout (ni titres, ni listes).

Étape 2

Développer l'argument

- **Reformulez l'argument** avec des synonymes, des expressions équivalentes (ex. : *personnage* → *héros*).
- **Développez l'argument**, soyez plus précis : utilisez des énumérations, des termes spécifiques (ex. : *sentiments* → *joie, peur, tristesse*), expliquez sur quel fait l'argument repose.

Étape 3

Citer et exploiter les exemples

- Mentionnez dans une phrase **le titre de l'œuvre et son auteur**.
- Citez le texte si vous le pouvez, sinon, **exposez l'exemple avec précision**.
- **Exploitez chaque exemple** : en commentant son style (lexique, figures de style…), son thème (ex. : *amour, lyrisme*…), en l'interprétant (intentions de l'auteur, effets sur le lecteur…).

Conseils Soulignez les titres d'œuvres. Ne citez pas les exemples entre parenthèses. Placez les citations entre guillemets.

Étape 4

Conclure le paragraphe

- Ajoutez enfin **une phrase de conclusion** qui reprend l'argument et le relie au sujet.
- Allez à la ligne avant de commencer un nouveau paragraphe.

Conseil Utilisez des connecteurs pour faire apparaître les liens logiques entre les arguments (*de plus, par ailleurs, ainsi, en effet, mais, cependant*…).

Exercices

1 Comprendre les étapes du paragraphe

Reconstituez le paragraphe ci-dessous en donnant l'ordre de ses étapes (annonce de l'argument, développement, exemple, exploitation de l'exemple, conclusion).

1. Ainsi, le spectacle théâtral sert de révélateur de la nature humaine. **2.** Par exemple, la pièce *Art* de Yasmina Reza peut être considérée comme une satire de l'amitié et une réflexion sur les relations humaines. **3.** Le théâtre peut analyser les comportements humains et révéler les travers des hommes. **4.** En effet, deux amis se disputent en raison de leurs goûts artistiques. La pièce montre les tensions, les rivalités, les mesquineries qui se cachent derrière les relations amicales. Les personnages, des bourgeois bien élevés, finissent par perdre leur sang-froid. **5.** Le théâtre révèle parfois avec une certaine acuité les défauts des hommes : des situations passionnelles ou conflictuelles permettent de souligner les caractères de chacun.

Ordre des éléments : ……………………………………

……………………………………

……………………………………

……………………………………

2 Développer l'argument

Ce paragraphe ne développe pas l'argument et présente des maladresses de rédaction. Retrouvez-les, puis, sur une feuille à part, réécrivez le paragraphe en le corrigeant.

Je constate que la poésie a une dimension autobiographique dans le recueil étudié en classe *Les Regrets*.
– Du Bellay évoque son séjour en Italie et sa nostalgie de la France (dans un sonnet, il se compare à Ulysse et il dit son désir de revoir son pays natal).
– Les poèmes évoquent souvent la situation personnelle du poète avec sincérité (« Je me plains à mes vers […] je leur dis mon secret »).
À mon avis, la poésie permet de découvrir des aspects de la vie du poète.

Maladresses à corriger : ……………………………………

……………………………………

……………………………………

……………………………………

……………………………………

……………………………………

Activité 3

Observer et compléter une dissertation rédigée

Lisez la dissertation, répondez aux consignes de la colonne de gauche et complétez les pointillés.

Remarque : pour répondre aux questions de cet exercice, vous pourrez vous appuyer sur l'œuvre romanesque que vous avez étudiée en classe ainsi que sur le parcours associé.

> **Sujet** Albert Camus, l'auteur de *L'Étranger*, affirmait : « Un roman n'est jamais qu'une philosophie mise en images » (*Alger républicain*, 20 octobre 1938, repris dans *Essais*, 1965). Ce jugement vous semble-t-il bien définir le roman que vous avez lu ?

a. Ajoutez une phrase pour insérer la citation au discours direct.

b. Complétez l'annonce du plan avec des connecteurs logiques.

c. Soulignez la phrase qui présente la thèse I, puis celle qui présente l'argument a.

d. Soulignez la phrase qui conclut le paragraphe et revient sur l'argument.

e. Observez comment les exemples sont utilisés.

[Introduction]

[Amorce] Dans la deuxième moitié du XXe siècle, le roman se transforme. Il s'éloigne du modèle réaliste et de sa volonté d'imiter la société. Libérant les voix et les formes narratives, de nombreux romanciers explorent les possibilités qu'offre le genre. *[Présentation du sujet et de ses enjeux]* Ainsi Camus propose-t-il d'établir un lien entre roman et philosophie. .... Camus souligne ici que tout roman est porteur d'une réflexion existentielle et que la force du genre tient dans sa capacité à faire naître des images. *[Problématique]* Pourtant la négation restrictive employée par Camus peut nous étonner : un roman, œuvre née de l'imagination, n'est-il que l'illustration d'une philosophie ? *[Annonce du plan]* ...., le roman propose une réflexion sur l'existence humaine. ....le roman a aussi pour fonction de faire découvrir un univers fictif et un héros singulier. ...., le pouvoir du roman n'est pas de délivrer une leçon philosophique, mais de soulever des questions à partir de la vie d'un héros fictif.

[I. Le roman est une réflexion sur la condition humaine]

[1. Une conception de l'existence]

En effet, un roman est une réflexion sur la condition humaine. Tout roman révèle une conception de l'existence. Celle proposée par Camus dans *L'Étranger* est tragique. En effet, le meurtre commis par Meursault apparaît comme le résultat d'un enchaînement inéluctable : « c'était comme quatre coups brefs que je frappais sur la porte du malheur ». Le retour sur la plage, la rencontre fortuite avec l'un des participants à la rixe, le soleil aveuglant : tout est involontaire, et tout s'enchaîne fatalement jusqu'au coup meurtrier. C'est pourquoi même s'il n'y a ni volonté divine, ni pouvoir supérieur, l'existence du héros n'en est pas moins tragique et il semble dépossédé de ses choix. À la fin du roman, la mort, acceptée par le héros, lui permet de se sublimer et, comme dans les tragédies, elle consacre le caractère tragique de sa vie. Ainsi, à travers la trajectoire de son personnage, le roman propose une philosophie de la condition humaine.

[2. Une mise en images]

Par ailleurs le roman utilise des images frappantes pour illustrer sa conception de l'existence. Dans un roman, il y a bien comme le dit Camus une « mise en images » : le pouvoir du romancier tient à son art de créer des images qui illustrent sa vision de la condition humaine. *[Présentation de l'exemple]* On pense par exemple à Meursault, le héros de *L'Étranger* de Camus, *[Détails de l'exemple]* aveuglé par le soleil sur une plage, ou attendant la mort face à une nuit « chargée de signes et d'étoiles ». *[Exploitation de l'exemple]* La nature est ici une représentation poétique du destin. *[Présentation de l'exemple]* On peut également citer l'image de Georges Duroy, le héros de *Bel-Ami* de Maupassant, *[Détails de l'exemple]* sortant de l'église après un mariage prometteur, embrassant du regard Paris, la place de la Concorde et l'Assemblée nationale. *[Exploitation de l'exemple]* Par cette image, qui clôt son roman, Maupassant montre une conception de la vie humaine, perçue comme une course à la réussite, une soif d'ascension sociale. On voit donc que le romancier crée des images et des personnages qui incarnent des postures existentielles.

[II. Mais le roman met en scène une vie fictive et un personnage singulier]

Il est alors possible de lire le roman comme une mise en images d'une philosophie et de faire de Meursault, le personnage de *L'Étranger*, le symbole d'une conception tragique et absurde de l'existence. Mais là où la philosophie raisonne en s'attachant à l'étude de l'homme en général, le roman réfléchit sur un individu en particulier. La philosophie pense la vie humaine à l'échelle de l'humanité. Le roman décrit l'existence à l'échelle d'un individu, le héros.

[1. Altérité et étrangeté du héros]

Contrairement à la philosophie, qui se place à un niveau général, le roman met en scène une vie dans sa singularité. Le héros n'est pas exemplaire (au sens où il symboliserait l'humanité tout entière et serait un exemple à valeur générale), il est au contraire profondément singulier. Par définition, le héros est « étrange », il se démarque de ses semblables. Le héros de Camus, Meursault, finit même par accepter cette profonde fracture avec le monde en souhaitant que les hommes l'accueillent « avec des cris de haine ». *[Présentation de l'exemple]* De même, le héros ....

....

....

[Détails de l'exemple] ....

....

....

[Exploitation de l'exemple] ....

....

....

....

f. Complétez le paragraphe avec un exemple de héros choisi parmi les textes lus en classe. Montrez que ce héros est singulier, différent des autres humains.

Ainsi, le héros est loin d'être un « exemple » ou le symbole d'une philosophie, car il n'est pas représentatif de l'humanité. Ce qui caractérise le roman, c'est l'altérité du héros et la singularité de son parcours.

[2. La conscience du héros]

De plus, un roman, c'est avant tout l'exploration d'une conscience, d'une sensibilité plus qu'une démonstration philosophique. En effet, dans un roman, tout est vu à travers le prisme de la conscience du héros. Par exemple, dans *L'Étranger*, le choix de la narration à la 1re personne supprime toute distance entre le personnage et le lecteur. Ni jugement ni explication ne sont donnés pour justifier le comportement du personnage. L'énonciation est ancrée dans le moment présent. Le personnage ne cesse de relever des détails qui montrent l'absurdité de l'existence. Le point de vue interne nous donne aussi accès à ses pensées. Ainsi, les vis sur le cercueil de sa mère n'ont pas plus de sens pour lui que les visages inconnus à son enterrement. Il perçoit souvent la réalité comme une mascarade absurde : lors de son procès, son avocat lui semble ridicule. Au fil du roman, grâce au point de vue interne, on perçoit l'évolution de la conscience du héros et sa perception de l'absurdité du monde. Le roman fascine parce qu'il donne vie à un héros fictif doté d'une conscience qui lui est propre.

g. Quel type d'exemple est surligné ici ?
- ☐ Une allusion à un passage précis du roman
- ☐ Une citation
- ☐ L'analyse d'un procédé d'écriture

[III. Le roman soulève des interrogations de nature philosophique]

....

....

....

....

h. Rédigez la transition. Aidez-vous des titres des parties II et III.

[1. Rechercher la vérité]

Le roman ne délivre pas de leçon ni de loi. Mais il soulève des questions et, en ce sens, il se rapproche d'une démarche philosophique. En effet, le roman est dans une recherche de la vérité. Il vise à donner une vision de la vie qui soit la plus exacte possible. Ainsi, dans *L'Étranger*, Meursault incarne un type de rapport au monde qui est profondément vrai. Il a la naïveté et la sagesse des héros des contes philosophiques de Voltaire, comme Candide ou l'Ingénu, parce qu'il refuse de dire ce que la société attend de lui. Il dit ce qu'il pense, même lorsque ce n'est pas « moralement » acceptable. Il ne le fait pas par provocation, mais par nature, parce qu'il le pense. Pendant le procès, quand on lui demande s'il regrette son crime, il dit que cela l'ennuie. La réponse, sincère, n'est pas celle que la société et la morale attendent. S'il avait menti et avait dit ce qu'on attendait de lui, Meursault aurait été moins sévèrement condamné. Mais il refuse de jouer la comédie du remords, de dire les mots que la société ou les conventions sociales attendent de lui. Cet homme qui choisit de dire la vérité, même s'il risque la mort pour cela, incarne donc une véritable posture philosophique. C'est un paradoxe du roman, œuvre fictive par définition, que de chercher à exprimer une vérité sur le monde.

i. Quel type d'exemple est surligné ici ?

- ☐ Une allusion à un passage précis du roman
- ☐ Une citation
- ☐ L'analyse d'un procédé d'écriture

[2. Questionner le monde]

...., le roman questionne notre rapport au monde, aux autres, à nous-mêmes. Il invite l'homme à s'interroger sur sa place. Le roman est un cheminement, une quête du sens qui s'accomplit à travers la trajectoire d'un personnage. ...., *L'Étranger* montre une tranche de vie d'une année, au cours de laquelle le personnage passe d'une existence passive à une affirmation de soi et de sa liberté. Meursault commence à s'interroger sur son sentiment de culpabilité lorsqu'il apprend la mort de sa mère et s'étonne de dire à son patron : « Ce n'est pas de ma faute. » Son procès lui révèle à quel point les autres sont prêts à le condamner. En effet, sentant « quelque chose qui soulevait toute la salle », il songe : « j'ai compris que j'étais coupable ». Cependant, à la toute fin du roman, il pousse un cri de révolte face au prêtre venu le confesser : « J'avais raison », affirme-t-il. Le personnage refuse désormais d'être jugé et, au contraire, questionne sa condition d'homme et revendique sa liberté, interpellant le prêtre : « Comprenait-il donc ? ». Cette évolution de Meursault, l'interrogation sur son existence, sur sa culpabilité, sur son rapport aux autres est progressive. Elle commence par une observation (il se sent coupable ou on le juge coupable), elle aboutit à une affirmation de sa liberté. Le roman est ainsi porteur d'un questionnement existentiel.

j. Ajoutez un connecteur au début du deuxième paragraphe et avant l'exemple.

[Conclusion]

[Bilan] Ainsi, tout roman exprime une vision philosophique du monde. Mais à la différence d'une réflexion philosophique, le roman ne s'intéresse pas à la vie des hommes en général, mais à un individu particulier né de l'imagination de l'auteur. La trajectoire du héros, ses choix, son destin soulèvent alors des interrogations de nature existentielle, philosophique. Le rôle du roman n'est pas d'apporter des réponses, mais de soulever des questions. En ce sens, le roman se rapproche d'une démarche philosophique. *[Ouverture]* ....

....

....

....

....

....

....

....

....

....

....

k. Rédigez l'ouverture. Pour cela, vous pouvez évoquer :

– un autre roman que *L'Étranger* ayant une ambition philosophique ;

– ou un autre genre ou art, qui propose une réflexion philosophique (cinéma, théâtre, poésie...).

Tenir un carnet de lecture

53

Étape 1 — **Présenter et situer l'œuvre**

Faites des recherches et notez les informations générales sur l'œuvre, son auteur et son contexte.

Étape 2 — **Rendre compte de sa lecture**

Au fil de votre lecture, notez tout ce qui a retenu votre attention et vous permettra de faire un compte rendu personnel, précis et riche de l'œuvre.

Exercices

1 Présenter et situer l'œuvre

À partir de l'œuvre de votre choix.
Établissez les principaux repères de cette œuvre en les organisant selon les rubriques suivantes.

L'œuvre

- Titre : ....
- Année de parution : ....
- Mouvement : ....
- Grands événements contemporains qui illustrent le contexte (historique) de l'œuvre : ....

....

L'auteur

- Ce qu'il faut retenir de cet auteur : ....
- Aspects de sa vie, grands événements qui l'ont marqué : ....
- Ses idéaux, ses combats : ....

....

Le genre

- Quelles constantes du genre retrouve-t-on dans l'œuvre ? ....
- En quoi cette œuvre se démarque-t-elle ? ....
- Mouvement : ....

2 Rendre compte de sa lecture

Préparez votre argumentation en développant les points suivants dans votre carnet de lecture.

Plan/organisation de l'œuvre

Des passages/poèmes/chapitres/scènes que vous voulez retenir

- parce qu'ils sont significatifs
- parce que vous les avez particulièrement aimés

En fonction du genre, vos commentaires sur les personnages, la progression de l'action, les thèmes développés...

Citations avec vos commentaires justifiant votre choix

Ce que vous retiendrez avant tout de votre lecture

- Mots-clés
- Les principales qualités du livre / vos réserves
- Quels sont les éléments qui ont fait/ font le succès de l'œuvre
- Vos premières impressions en découvrant l'œuvre
- Leur évolution au fil de votre lecture

Des œuvres qui ont inspiré / été inspirées par cette œuvre

D'autres œuvres (peinture, musique...) que vous associez à ce texte et pourquoi

Le résumé de l'œuvre en quelques lignes

....

....

....

....

....

....

....

....

....

54 Analyser le texte à contracter

Étape 1

Comprendre le texte et faire les premiers repérages

- La contraction d'un texte argumentatif est un travail de lecture et d'écriture qui vise à réduire sa longueur en conservant son sens, selon les quatre principes suivants : conserver l'**énonciation** ; suivre **la composition et le mouvement des idées** ; reformuler **la thèse** ; réduire **le texte au quart**.
- **Faites une première lecture du texte** dans son ensemble pour repérer son sujet, lequel peut apparaître dès le titre.
- **Recherchez dans le paratexte** les éléments du contexte : la date du texte, l'auteur, des informations qui renseignent sur son expertise, le genre d'où est extrait ce texte argumentatif. Notez au brouillon les informations importantes.

Étape 2

Dégager le point de vue de l'auteur

- Pour reformuler fidèlement le texte de départ, il faut strictement adopter le point de vue de l'auteur sur le sujet qu'il traite.
- Vous devez donc **repérer et respecter l'énonciation et les choix de modalisation**.

L'énonciation : qui parle ?

- Le texte est-il écrit à la 1re ou à la 3e personne ?
- Y a-t-il un destinataire explicite ? Quel pronom le désigne ?
- D'autres personnes verbales sont-elles employées ?
- Des citations et propos prêtés à d'autres figurent-ils dans le texte ?

La modalisation : quel point de vue défendu par l'auteur ?

- Quels types de phrases marquent l'implication de l'auteur ? du destinataire ?
- Quels temps et modes sont privilégiés ?
- Y-a-t-il des verbes, ou locutions verbales qui marquent un jugement ?
- Quels adverbes ou locutions adverbiales expriment une appréciation, un point de vue ?

Étape 3

Repérer des indices lexicaux

- **Les choix lexicaux** délimitent le sujet traité et, comme la modalisation, contribuent également à dévoiler le point de vue de l'auteur. Soyez donc attentif aux formulations.
- **Surlignez le vocabulaire en réseau** selon des codes couleur.

Réseaux lexicaux et sémantiques

- Quels lexiques ou champs lexicaux soulignent les thèses ou idées développées ?
- Quelles connotations repérez-vous dans certains mots ? Comment expriment-elles l'opinion de l'auteur ?

Expressions imagées et figures de style

- Y a-t-il des expressions employées au sens figuré ?
- Y a-t-il des jeux de mots, des métaphores, d'autres figures de style ?

Exercices

Ali Benmakhlouf, *La Conversation comme manière de vivre* (2016)

Le philosophe marocain Ali Benmakhlouf, spécialiste de Montaigne, explore les particularités et la richesse de la conversation. L'extrait se situe au début du chapitre « Le lien de parole ».

« Le lien de parole »

La parole est un lien qui nous tient. « Nous sommes faits pour le sentir, pour le dire, non pour l'avoir », rappelle Flaubert[1], et dans les solitudes subies comme celles de la vieillesse, c'est « des paroles qu'on a besoin » et de leur « tendresse quotidienne[2] ». Plus qu'une promesse, la parole est un lien et, s'il fait défaut, c'est toute l'humanité qui est mise en défaut d'elle-même. Dans ce cas, ce n'est pas seulement un malheur, une tragédie, c'est aussi un défaut, une défaillance. C'est le corps même des vieux qui se redresse quand on leur parle. Aux articulations de la parole correspondent les articulations du corps dans son ensemble.

La conversation, dans son premier sens, est commerce, relation à l'autre, une relation sociale : « converser avec les siens et avec soi-même doucement et justement[3] », c'est avoir relation avec les autres et avec soi-même […] ; échanger « avec les siens », dont les enfants auxquels on s'adresse peu. Or il arrive que l'échange n'ait pas lieu alors même que parents et enfants vivent sous le même toit : « J'essaierais par une douce conversation de nourrir en mes enfants une vive amitié et bienveillance non feinte en mon endroit[4] ». C'est leur permettre de voir en leur père autre chose que la simple figure de l'autorité.

La douceur, signe de civilité[5], est la marque de l'échange en général, et de l'échange verbal en particulier.

Montaigne rapporte le chagrin redoublé de monsieur le maréchal de Montluc d'avoir perdu son fils et de ne jamais lui avoir manifesté son affection : « Ce pauvre fils n'a jamais vu de moi qu'une contenance[6] renfrognée et pleine de mépris et a emporté cette créance[7] que je n'ai su ni l'aimer, ni l'estimer selon son mérite[8]. » [...]

Au cœur de la conversation, entendue[9] au sens étroit d'échange de paroles, continue à valoir le sens, plus large, de commerce avec les autres : la société y est conviée. On parle du dernier acte du gouvernement, d'un grand de ce monde se trouvant en prison pour malversation[10], du dernier-né dans telle famille, etc. Par petites touches, la société offre son image dans le parler « ouvert » [...].

De fait, dans la conversation se trame ainsi la vie sociale puisque les problèmes rencontrés en celle-ci trouvent leur expression en celle-là. Mais la conversation ne fait pas que rapporter les problèmes sociaux, elle les transforme en les formulant différemment : en elle se fait l'apprentissage de la démocratie. Nelson Mandela[11] indique dans son autobiographie la nature conversationnelle des rencontres locales qui se tenaient chez le régent[12] : « Quiconque voulait prendre la parole pouvait le faire. C'était la démocratie dans sa forme la plus pure. Il se peut qu'il y ait eu une hiérarchie dans l'importance des intervenants mais qu'il soit chef ou sujet, guerrier ou médecin, boutiquier ou fermier, propriétaire ou travailleur agricole, chacun pouvait se faire entendre. [...] C'est cela qui fut le fondement de l'autonomie : tous étaient libres d'exprimer leurs opinions et tous étaient égaux en tant que citoyens. » C'est sur cette base que l'on peut dire que la démocratie est un gouvernement par la discussion.

1. Gustave Flaubert, lettre à Alfred Le Poitevin, 1er mai 1845.
2. Gustave Flaubert, lettre à son frère, 15 décembre 1849.
3. Montaigne, *Essais*. 4. à mon égard ; citation de Montaigne, *Essais*.
5. politesse. 6. attitude. 7. terme ancien pour croyance. 8. Montaigne, *Essais*. 9. comprise. 10. détournement d'argent. 11. premier président noir d'Afrique du Sud, qui a lutté contre la ségrégation raciale.
12. personne qui gouverne.

1 Comprendre le texte et faire les premiers repérages

a. En quoi les titres de l'ouvrage et du chapitre nous renseignent-ils sur le sujet du texte ?

....

....

....

b. À quels genre et période ce texte se rattache-t-il ?

....

2 Dégager le point de vue de l'auteur

a. Repérez les marques de l'énonciation et complétez le paragraphe suivant.

Le texte est écrit la plupart du temps à la .... personne. On repère toutefois la présence du .... qui donne une valeur générale à l'expérience. Ceci est renforcé par l'utilisation du ...., pronom indéfini qui généralise le propos de l'auteur.

Les phrases de type .... et l'emploi du présent de l'indicatif à valeur de .... marquent le caractère objectif du propos ....

b. Repérez les citations en les soulignant et donnez dans l'ordre le nom des auteurs cités.

....

....

c. Quelles idées les citations de Flaubert introduisent-elles ?

....

....

....

d. Dans quel cadre les citations de Montaigne et de Mandela abordent-elles la question de la conversation ?

....

....

....

3 Repérer des indices lexicaux

a. Relevez le champ lexical de la douceur dans les trois premiers paragraphes. À quel type de relations ce champ lexical est-il associé ?

....

....

....

b. Quelle expression est synonyme de « conversation » dans le paragraphe 4 ? À quel autre type de relation l'auteur élargit-il le sens du mot « conversation » avec cette expression ?

....

....

....

....

c. Donnez l'étymologie du mot « démocratie » et rappelez les caractéristiques de ce mode de gouvernement, en général.

....

....

....

....

....

d. Quelle définition Mandela donne-t-il de la démocratie ? Quel rôle la conversation y joue-t-elle ?

....

....

....

....

....

55 Rédiger la contraction de texte

Étape 1

Repérer les indices d'organisation et la progression des arguments

- Pour réussir la contraction de texte, vous devez reformuler précisément la thèse et les idées d'un texte.
- Pour cela, **repérez l'articulation et la progression des arguments**.

Disposition typographique

Repérez les paragraphes. Correspondent-ils ou non à une idée/un argument ?

Articulation du raisonnement

- **Connecteurs** : repérez les connecteurs. Quelles relations logiques expriment-ils ?
- **Progression du raisonnement** : quelles en sont les étapes ?

Étape 2

Schématiser la progression des arguments dans un plan

- **Faites le plan détaillé** de l'argumentation. Notez **les grandes idées** en vous aidant de l'organisation générale du texte. → fiche 54, p. 114
- Notez **les arguments et contre-arguments** qui viennent à l'appui de chaque idée.

Conseils

- Dans de nombreux textes, un paragraphe correspond à une idée ou un argument. Mais ce n'est pas toujours le cas. Observez-bien les connecteurs et les relations logiques (cause, conséquence, opposition, etc.).
- Repérez les paragraphes qui jouent le même rôle logique. Ils pourront être regroupés dans un même paragraphe afin que votre contraction fasse clairement apparaître la progression des idées.

Étape 3

Rédiger la contraction

- Adoptez le **choix d'énonciation** de l'auteur : s'il écrit à la 1re personne, faites de même. Rédigez à la 3e personne s'il a préféré cette énonciation plus distanciée. En aucun cas vous ne devez porter de jugement critique sur les propos de l'auteur.
- Rédigez un premier jet au brouillon, en **reformulant chaque argument** du plan. Faites clairement apparaître **les relations logiques entre les arguments** en utilisant des connecteurs. Respectez l'ordre de présentation des idées.

Conseils

- Ne traduisez pas le texte ligne à ligne ou paragraphe par paragraphe mais rédigez de mémoire ce que vous avez compris.
- Utilisez vos propres mots plutôt que ceux du texte à contracter. Cependant ne cherchez pas des synonymes pour les notions et mots-clés (ex. : *lecture, crise, autodafé*).

- **Comptez les mots et ajustez la contraction si nécessaire.** Votre contraction doit faire le quart du texte initial, avec une tolérance de 10 % en plus ou en moins.
- Utilisez les procédés de réduction suivants :

Suppression

- Éliminez les citations et les reprises d'une même idée.
- Éliminez les parenthèses, les définitions de termes techniques, quand elles ne sont pas au cœur du propos.

Intégration lexicale

- Remplacez des énumérations ou un champ lexical par un terme générique ou englobant.
- Remplacez une proposition par un nom ou un verbe à l'infinitif.

Réagencement syntaxique

- Exprimez en une seule phrase complexe un argument développé sur plusieurs phrases.

Conseils

- Relisez le texte et la contraction pour vous assurer que vous avez fidèlement transcrit le sens du texte sans oublier d'idées-clés.
- Comptez le nombre moyen de mots par ligne, puis le nombre de lignes de votre contraction. Il vous suffira de multiplier ces nombres pour connaître le total de mots du texte.
- N'oubliez surtout pas de noter le nombre de mots utilisés sur votre copie.

Exercices

1 Repérer les indices d'organisation et la progression des arguments

a. De combien de paragraphes le texte p. 114-115 est-il composé ?

....

b. P. 114-115, surlignez les mots ou expressions qui introduisent chacun de ces paragraphes. Comment le texte progresse-t-il ?

....

2 Schématiser la progression des arguments dans un plan

Complétez ce plan qui résume les grandes idées du texte p. 114-115.

I. Paragraphes 1, 2, 3 : ....

1. ....

2. C'est une relation réciproque essentielle.

3. ....

II. Paragraphes 4, 5 : La conversation et le débat fondent une image de la société et un modèle politique.

4. Les conversations construisent l'image de la société.

5. ....

3 Rédiger la contraction

a. Voici un résumé des trois premiers paragraphes du texte p. 114-115. Surlignez selon le code couleur suivant les expressions ou propositions qui résument leurs idées essentielles.

Paragraphe 1 • Paragraphe 2 • Paragraphe 3

La parole est un lien sensible et doux qui unit les hommes, jeunes ou plus âgés, et leur confère leur humanité. La conversation est tout d'abord relation à l'autre, échange basé sur la bienveillance, mais qui peut s'avérer difficile à établir même entre parents et enfants, comme le signale Montaigne dans l'engagement qu'il prend de pratiquer « une douce conversation » avec ses enfants pour tisser avec eux les liens de confiance qui fondent l'amour filial. La bonté est source de toute communication, surtout orale : en témoigne le récit de la triste expérience du maréchal Montluc déplorant à la mort de son fils de n'avoir pas su lui dire son amour paternel.

b. Pourquoi, selon vous, seules les références à Montaigne figurent-elles dans ce résumé ?

....

c. Ce résumé comporte 112 mots : réécrivez-le de façon qu'il n'en comporte plus qu'une soixantaine.

....

d. Dans le paragraphe 4 p. 114-115, qu'est-ce qui rend la première phrase complexe et difficile à comprendre sur le plan de la syntaxe ?

....

e. Reformulez cette phrase en ne conservant que ses éléments essentiels.

....

f. La phrase 2 du paragraphe 4 donne trois exemples de sujets de conversation. Reformulez-les en deux groupes nominaux.

....

g. Résumez en une phrase les phrases 2 et 3 du paragraphe 4.

....

h. Réduisez le dernier paragraphe au quart, soit entre 40 et 50 mots.

....

56 Rédiger l'essai

Étape 1

Analyser le sujet et dégager la problématique

L'essai est une réflexion critique qui appartient au genre de l'argumentation. Il apporte une réponse organisée à une question suscitée par le texte et qui trouve des échos dans le corpus de textes étudié en classe.

Dans un essai, vous devez donc :
- **discuter, c'est-à-dire comprendre** et comparer des perspectives différentes ;
- **construire une réflexion cohérente** ;
- **vous appuyer sur des exemples pertinents** ;
- **utiliser une langue juste**, variée et correcte.

Commencez par lire le sujet. Repérez ses différentes parties.

Exemple de sujet :

- Ce sujet comporte une citation qui le rattache au texte dont vous avez fait la contraction.
- Cette citation est suivie d'une question, la problématique, à laquelle vous devez apporter une réponse.
- Le sujet vous indique où trouver les ressources nécessaires à votre réflexion.

SUJET « La douceur, signe de civilité est la marque de l'échange en général, et de l'échange verbal en particulier », écrit Ali Benmakhlouf dans son essai. Pensez-vous que l'échange des idées et des points de vue puissent toujours avoir lieu sous le seul signe de la douceur et de la civilité ? Vous répondrez à cette question dans un essai prenant appui sur les textes et les œuvres de littérature d'idées que vous avez étudiées, ainsi que sur vos connaissances personnelles.

Identifiez les mots importants ou mots-clés, et vérifiez leur signification pour éviter les contresens.
Ex. : « civilité » : politesse, savoir-vivre ; « échange verbal » : communication orale entre les individus ou toute communication fondée sur le langage.

Repérez ou dégagez la problématique, c'est-à-dire la question à laquelle votre essai va répondre.
Exemple de problématique : Il s'agit ici d'interroger les caractéristiques des échanges sociaux, rapportés essentiellement aux conditions de la conversation et des débats.

Étape 2

Rassembler des idées et des exemples

Au brouillon, notez vos idées, c'est-à-dire les réponses possibles à la problématique.

Cherchez des arguments qui peuvent défendre chacune d'elles.

Associez des exemples à chaque idée en vous inspirant des textes étudiés dans le cadre de l'objet d'étude : la littérature d'idées et la presse du XIXe siècle au XXIe siècle.

Vous pouvez vous appuyer :
- sur des textes et documents appartenant à **des formes et genres divers** : chanson ou poème à visée argumentative, récit, roman, discours, texte théâtral, article, essai, plaidoirie, etc. ;
- sur un groupement de textes ou corpus autour d'un débat d'idées, du XIXe au XXIe siècle, intégrant **l'étude de la presse et des médias** qui peuvent inclure **les réseaux sociaux** ;
- sur vos lectures personnelles, notamment de **discours ou d'essais**.

Étape 3

Organiser ses idées dans un plan

Regroupez vos idées et vos exemples dans **un plan** :

deux ou trois grandes parties : les idées principales, réponses à la problématique ;

deux ou trois sous-parties : les arguments et exemples à l'appui des idées.

Étape 4

Rédiger l'essai

Votre texte comportera :

une introduction (en trois ou quatre étapes : amorce, reprise du sujet, problématique, annonce du plan) ;

un développement en plusieurs paragraphes (1 paragraphe = 1 sous-partie du plan) ;

une conclusion présentant **une synthèse** de la réflexion.

Structurez l'ensemble de l'essai avec des connecteurs logiques.

Conseil — Vous ne disposez que de quatre heures pour la contraction de texte et l'essai. Ne rédigez au brouillon que l'introduction et la conclusion.

Exercices

1 Analyser le sujet et dégager la problématique

Sujet « La douceur, signe de civilité, est la marque de l'échange en général, et de l'échange verbal en particulier », écrit Ali Benmakhlouf dans son essai. Pensez-vous que l'échange des idées et des points de vue puisse **toujours** avoir lieu dans ses formes écrites ou orales sous le **seul** signe de la douceur et de la civilité ?

a. Dans le sujet ci-dessus, identifiez les mots-clés de la citation selon le code couleur suivant.
Mots-clés 1 • Mots-clés 2 • Mots-clés 3

b. Utilisez le même code couleur pour surligner les mots-clés dans la question posée.

c. Comment les mots en caractères gras orientent-ils la réponse attendue ?

2 Rassembler des idées et des exemples

En 1957, alors qu'il vient d'obtenir le prix Nobel de littérature, Camus écrit à son instituteur Louis Germain : « Sans vous, sans cette main affectueuse que vous avez tendue au petit enfant pauvre que j'étais, sans votre enseignement, et votre exemple, rien de tout cela ne serait arrivé. »

a. De quelles relations et échanges entre le maître et son élève les mots de Camus témoignent-ils ?

b. Voici un début de paragraphe rédigé qui pourrait trouver sa place dans votre essai.

La distance qu'offre Internet et les réseaux sociaux peut faciliter le fait de s'amuser aux dépens des autres. Elle peut favoriser des formes de harcèlement qui existent déjà dans les échanges directs, en face à face. S'il s'agit parfois d'intentions malveillantes, cela relève aussi souvent d'une certaine forme d'inconscience, ou de manque de réflexion et d'empathie.

- Reformulez en une phrase l'idée développée.
- Illustrez cette idée par un exemple qui trouvera sa place au sein de ce paragraphe.
- Rédigez une phrase pour dégager la conclusion de ce paragraphe.

c. Lisez une biographie de Vercors et répondez aux questions suivantes :

- Quel est son véritable nom ? Pourquoi a-t-il choisi un pseudonyme ?
- Quand a-t-il publié sa nouvelle *Le Silence de la mer* ? Dans quelle maison d'édition ? Qu'avait de particulier cette maison d'édition à cette époque ?
- Que raconte cette nouvelle ?
- Quelle idée générale de votre essai cette nouvelle pourrait-elle illustrer ?

d. Faites des recherches sur le rôle d'Émile Zola dans l'affaire Dreyfus : quelles informations retenir pour répondre à la question qui vous est posée ?

3 Organiser les idées et rédiger l'essai

Rédigez les parties manquantes dans cette proposition d'essai, en vous appuyant sur vos réponses aux exercices précédents.

Plan de l'essai	Texte de l'essai à compléter
Introduction	Dans son propos, Ali Benmakhlouf fait de la conversation la forme première des échanges entre les hommes. Il insiste sur l'importance de la douceur qui doit policer les échanges. On peut toutefois se demander si la communication verbale doit exclusivement se tenir sous le signe de la douceur et de la politesse. Après avoir examiné dans une première partie les éléments qui étayent le point de vue de l'auteur, nous verrons qu'il est parfois nécessaire d'adopter d'autres stratégies.
Partie I	La douceur et la politesse offrent un cadre rassurant et efficace aux échanges dans la vie privée et dans l'espace public.
I. 1. La douceur dans l'échange (reprenez l'exemple de Camus, exercice 2. a.)	Dans le cadre familial, à l'école, ...
I. b. Contre la violence des réseaux sociaux	Dans le cadre des relations amicales, sociales, les échanges sur les réseaux sociaux nous offrent des exemples consternants ....
Transition entre les deux parties	Alors il est parfois nécessaire de recourir à d'autres tons et stratégies pour faire réussir les échanges et obtenir les effets souhaités.
Partie II **II. 1**. La parole résistante	On trouve des exemples de ces stratégies offensives dans la littérature de résistance, à l'exemple du *Silence de la mer*, une nouvelle publiée clandestinement en 1942 par Jean Bruller sous son pseudonyme de résistant, Vercors. Une jeune femme et son oncle refusent farouchement d'échanger un seul mot avec l'officier allemand qu'ils sont contraints d'héberger, au mépris de toutes les règles de la politesse. Ce faisant, ils pratiquent une forme de résistance à laquelle sont appelés les Français.
II. 2. La parole polémique (reprenez l'exemple de Zola, exercice 2. d.)	....
Conclusion	Comme on l'a vu il n'est pas toujours possible, ni efficace, d'exprimer un point de vue .... Mais ....

ctivité 4

Rédiger une contraction de texte et un essai guidés

Alain Badiou, *Éloge du théâtre* (2016)

Alain Badiou, philosophe, romancier et dramaturge, propose une analyse du théâtre. Dans le chapitre II, l'auteur s'interroge sur ce qui fonde l'efficacité du théâtre en le comparant à cette autre façon de réfléchir qu'est la philosophie.

« Théâtre et philosophie, histoire d'un vieux couple »

C'est une histoire très trouble. Elle s'apparente à celle d'un vieux couple qui arrive à surmonter le système de ses innombrables querelles, un couple qui triomphe de ce qui l'oppose. Dès le début le théâtre part avec un avantage primordial sur la philosophie : il rassemble les foules, tout particulièrement en Grèce antique, où les concours de théâtre, comédie et tragédie, se déroulent en plein air devant des milliers de personnes, et où produire des pièces est une sorte d'obligation civique. À l'époque, la philosophie est certes elle aussi une activité principalement orale. Mais elle se transmet dans de petits groupes de discussion, sous l'impulsion d'un maître qui tente d'être loyal[1], d'éviter autant que faire se peut les effets spectaculaires.

Platon[2] analyse avec une grande subtilité les avantages et les risques du théâtre. Le théâtre produit sur les spectateurs des effets d'une force considérable : il les émeut, il les transporte, il se fait applaudir ou huer, c'est une vibration vivante. Les idées que propage le théâtre, sa sourde propagande pour une certaine vision de l'existence, sont aux yeux de Platon extraordinairement efficaces : c'est parce qu'il a cette efficacité que le théâtre mérite d'être surveillé et souvent condamné. Notons que cette efficacité redoutable est portée à son comble dès son origine grecque, car il y déploie presque immédiatement la totalité de ses possibilités. Le théâtre grec antique était en réalité très proche de l'opéra wagnérien[3], il comportait de la musique, de la danse, des chœurs, des chants, des machines permettant de faire apparaître les dieux dans le ciel… Avec ces puissants moyens, la tragédie la plus intense et la comédie la plus débridée[4] viennent surprendre et captiver la foule. Tout cela a surgi avec le théâtre lui-même, d'emblée, là où la philosophie a connu des débuts pénibles et contestés. […]

Il y a en somme, entre théâtre et philosophie, un aspect de rivalité dans la conquête des esprits. Mais le fond de l'affaire est ailleurs : les moyens utilisés par le théâtre et les moyens que propose la philosophie sont pratiquement opposés. Le théâtre propose de représenter sur scène des figures et des fragments du réel de nos vies et de laisser au spectateur la tâche de tirer les leçons de cette représentation de l'existence individuelle et collective ; la philosophie se propose d'orienter l'existence. La philosophie, comme le théâtre, vise à analyser l'existence humaine, mais la philosophie le fait sous le signe de l'idée : qu'est-ce qui peut orienter notre existence et ne pas l'abandonner aux contraintes extérieures qui sont les siennes ? Au fond, théâtre et philosophie ont la même question : comment s'adresser aux gens de façon à ce qu'ils pensent leur vie autrement qu'ils ne le font d'habitude ? Le théâtre choisit le moyen indirect de la représentation et de la distance, tandis que la philosophie choisit le moyen direct de l'enseignement, dans le face-à-face entre un maître et un auditoire. Nous avons d'un côté l'enseignement par l'équivoque voulue de la représentation face à un public rassemblé, de l'autre l'enseignement par l'argumentation univoque et le dialogue, face-à-face, qui sert à en consolider les résultats subjectifs.

1. honnête, qui ne tente pas d'imposer son point de vue. 2. philosophe de la Grèce antique (427-347 av. J.-C.). 3. Wagner, compositeur allemand, est l'une des figures clés du romantisme tardif du XIXe siècle, célèbre pour ses opéras grandioses. 4. délirante.

Sujet « Le théâtre propose de représenter sur scène des figures et des fragments du réel de nos vies et de laisser au spectateur la tâche de tirer les leçons de cette représentation de l'existence individuelle et collective », écrit Alain Badiou. Partagez-vous cette analyse d'Alain Badiou ? D'autres formes d'expression ne sont-elles pas susceptibles d'offrir aussi des leçons sur l'existence individuelle et collective ?

Vous répondrez à ces questions dans un essai prenant appui sur les textes et les œuvres que vous avez étudiés ainsi que sur vos lectures et pratiques culturelles préférées.

Lisez attentivement le texte et le libellé de l'essai ci-dessus, puis réalisez les activités suivantes qui vous permettront d'élaborer une contraction de texte et un essai.

1 Comprendre le point de vue de l'auteur

a. Qu'est-ce qui permet de comprendre l'intérêt de l'auteur pour le théâtre et la philosophie ?

……………………………………………………

……………………………………………………

b. Quelle image emploie-t-il pour désigner ces deux domaines dans le titre ? Quelles connotations relevez-vous dans cette image ?

……………………………………………………

……………………………………………………

……………………………………………………

……………………………………………………

c. Relevez dans le texte les expressions qui reprennent l'image du titre. Quelles connotations de cette image retrouvez-vous dans le texte ?

……………………………………………………

……………………………………………………

……………………………………………………

……………………………………………………

……………………………………………………

d. « Au fond, théâtre et philosophie ont la même question » : en vous aidant du chapeau et de votre relevé, indiquez quelle est cette question.

2 Repérer les indices d'organisation, schématiser la progression des arguments

a. Dans le texte p. 121-122, identifiez selon le code couleur suivant :

- Les caractéristiques du théâtre
- Les caractéristiques de la philosophie

b. Comment l'analyse de ces deux domaines fait-elle progresser le texte ?

c. Complétez ce tableau pour mettre en regard les caractéristiques de chaque discipline. (Vous pouvez reformuler les citations du texte.)

	Théâtre	Philosophie
Public		« petits groupes de discussion » et un maître qui veut éviter les effets
Effets sur le public	« extraordinaire » efficacité (musique, danses, chants) ; public transporté, ému, qui réagit vivement	
But	représenter le réel (et laisser au spectateur tirer des leçons de la représentation)	
Mode d'expression		enseignement direct, par une argumentation fondée sur des idées

d. Relevez les connecteurs logiques pour mettre en évidence l'articulation du texte.

e. En quoi ces connecteurs soulignent-ils l'organisation et la progression du texte ?

3 Rédiger la contraction de texte

Complétez ce résumé en vous aidant de vos réponses aux questions précédentes, ainsi que du plan du texte. L'ensemble ne devra pas comporter plus de 140 mots.

Les liens entre théâtre et philosophie sont forts et complexes depuis la Grèce antique où le théâtre s'est imposé, tandis que la philosophie ...

Platon insiste sur ...

Mais il met aussi en garde ...

Au-delà de cette concurrence, c'est la manière dont le théâtre et la philosophie nous parlent qui diffère. Philosophie et théâtre partagent ...

Cependant ...

- Nombre de mots : ...

4 Analyser le sujet de l'essai

a. Complétez le repérage et l'analyse des mots-clés du sujet.

SUJET « Le théâtre propose de représenter sur scène des figures et des fragments du réel de nos vies et de laisser au spectateur la tâche de tirer les leçons de cette représentation de l'existence individuelle et collective », écrit Alain Badiou. Partagez-vous cette analyse d'Alain Badiou ? D'autres formes d'expression ne sont-elles pas susceptibles d'offrir aussi des leçons sur l'existence individuelle et collective ?
Vous répondrez à ces questions dans un essai prenant appui sur les textes et les œuvres que vous avez étudiés, ainsi que sur vos lectures et pratiques culturelles préférées.

- Mots-clés 1 : fonction des formes d'expression artistique
- Mots-clés 2 : ....
- Mots-clés 3 : ....

....

b. En quoi le sujet élargit-il la réflexion d'Alain Badiou ?

....

....

5 Organiser ses idées dans un plan

Rédigez l'intitulé de la seconde partie de l'essai.

Partie I. Le théâtre offre une représentation du réel qui donne des leçons de vie.

Partie II. ....

....

....

6 Rédiger l'essai

Lisez l'essai proposé, répondez aux questions dans la colonne de gauche et complétez les pointillés.

a. Rédigez une introduction en trois parties, sur le modèle de la page 120.

[Introduction]

[Présentation du sujet et de ses enjeux] ....

....

....

....

....

[Problématique] ....

....

.... *[Annonce du plan]* ....

....

....

....

....

[I. Le théâtre offre une représentation du réel qui donne des leçons de vie]

[1. Le théâtre représente le réel]

Le théâtre donne à voir des personnages dans des situations proches du réel, du quotidien des spectateurs, qu'ils soient contemporains de l'œuvre ou non. Ainsi, le personnage d'Alceste dans *Le Misanthrope* s'indigne de l'hypocrisie sociale, tout particulièrement à la cour du roi, et du ridicule de certains à vouloir paraître ce qu'ils ne sont pas : « L'ami du genre humain n'est point du tout mon fait », proclame-t-il avant de faire le choix de quitter la société mondaine et de refuser l'amour. En opposition à ce personnage intraitable, Molière dessine le portrait de l'honnête homme de son siècle, soucieux d'une certaine sincérité dans les échanges amicaux et amoureux, et en société. Lorsqu'il monte la pièce en 2014, Clément Hervieu-Léger transpose la pièce dans une époque peu marquée, pour montrer le caractère atemporel de cette leçon de vie en société, dans les relations amicales et amoureuses.

[2. Le théâtre donne des leçons de vie]

Le théâtre nous donne aussi des leçons de vie universelles. Dans *Antigone*, avec le duel de paroles où s'affrontent le roi Créon et sa nièce, Jean Anouilh n'a pas voulu représenter avec réalisme l'univers antique. Il a choisi au contraire d'accumuler les anachronismes dans les personnages et le langage qu'ils tiennent. En affrontant son dilemme entre bonheur et devoir, en affichant son refus de toute compromission, Antigone offre un discours de résistance, qui répond au questionnement bien réel du spectateur de 1944 et, au-delà, propose une réflexion universelle sur le sens qu'on donne à sa vie et à son engagement.

[Transition entre I et II]

Comme l'écrit Alain Badiou, le théâtre offre bien de multiples occasions de dégager des leçons de ces éléments du réel qu'il expose. Mais d'autres pratiques culturelles y contribuent également, parfois pour un même projet. L'écrivain Laurent Gaudé, par exemple, développe plusieurs pratiques artistiques au service de la cause des migrants, du roman au théâtre, à la poésie et jusqu'à la photographie.

b. Donnez le titre de la partie II.

[II.]

[1. La bande dessinée]

La bande dessinée, ce genre très populaire, notamment auprès des jeunes, donne aussi à voir des images du monde tel qu'il est et aide l'individu à trouver sa place dans le collectif. On peut citer Pénélope Bagieu qui interroge la place et la dignité des femmes dans le monde, en brossant le portrait d'inconnues dans son album *Culottées*. Ces femmes ont en commun d'avoir bravé des obstacles pour mener la vie de leur choix sans pour autant être passées à la postérité, …

c. En faisant des recherches sur *Culottées* de Pénélope Bagieu, citez un exemple d'une femme sortie de l'anonymat.

Autre auteur de bandes dessinées, Jacques Tardi est un artiste qui veut aussi restituer la brutalité de la guerre dans sa crudité et sa violence. …

d. Faites des recherches sur Jacques Tardi, puis rédigez une phrase pour citer son travail en exemple.

[2. La musique et la chanson]

La musique, la chanson sont encore d'autres moyens d'expression qui touchent à la réflexion autobiographique, à la difficulté d'exprimer les sentiments d'exclusion, de dépossession de soi, de rejet de la société. Grand Corps Malade chante l'accident qui brise son adolescence et comment il s'est relevé ; Gaël Faye raconte dans le roman et la chanson son « Petit pays » d'où il est exilé par le génocide rwandais de 1994, qui a vu une partie de ses habitants tuer l'autre partie, dans une haine insensée …

e. Recherchez et ajoutez une citation de Gaël Faye montrant qu'un chanteur peut parler du réel.

f. Citez une autre pratique artistique et une œuvre en particulier pour montrer que la liste n'est pas close.

[Conclusion]

g. Achevez l'essai en rédigeant une conclusion.

Préparer l'épreuve orale du baccalauréat

57

Étape 1

Présenter le texte et le lire à voix haute

La première partie de l'épreuve porte sur un texte étudié dans l'année. Il s'agit d'un extrait d'une des œuvres au programme de 1re, ou d'un texte issu du parcours associé à une œuvre :

- en **10 minutes**, vous allez présenter le texte, le lire à voix haute et en faire une explication linéaire ;
- puis en **2 minutes**, vous répondrez à une question de grammaire.

Dans un premier temps, présentez le texte : contexte culturel et littéraire, auteur, œuvre, situation de l'extrait dans l'œuvre.

Lisez ensuite le texte à voix haute.
Cette lecture est un moment important de la première partie : une bonne lecture est le signe que la visée du texte est clairement perçue. Elle est **notée sur 2 points**.

Lire à voix haute un texte littéraire

- Lisez sans précipitation et en articulant.
- Respectez les signes de ponctuation et les liaisons.
- Mettez en évidence la tonalité du texte.
- Tenez compte du mètre et de la versification dans un poème.
- Faites entendre de façon marquée les différentes voix du texte (personnages au théâtre, dans un récit).
- Soulignez le mouvement du texte par la lecture.

Étape 2

Faire une explication linéaire

Faites une explication en suivant l'ordre du texte et en veillant :

- à prendre appui avec précision sur les procédés d'écriture ;
- à citer le texte pour l'expliquer ;
- à relier les choix d'écriture au sens du texte ;
- à mettre en évidence la progression du passage.

Cette explication est **notée sur 8 points**. Présentation, lecture et explication doivent **durer 10 minutes**.

Étape 3

Répondre à la question de grammaire

Une question de grammaire vous sera donnée avec le texte. Vous y répondrez en veillant :

- à apporter une réponse précise à la question ;
- à utiliser le vocabulaire spécifique de l'analyse grammaticale ;
- à relier la question de grammaire au sens du texte.

Cette réponse est **notée sur 2 points**. Elle doit **durer 2 minutes**.

Étape 4

Présenter une œuvre à l'entretien

La seconde partie de l'épreuve consiste en un entretien sur une des œuvres lues dans l'année :

- vous présenterez brièvement l'œuvre de votre choix, en expliquant pourquoi vous l'avez choisie ;
- vous répondrez ensuite aux questions de l'examinateur sur votre lecture.

Cette partie de l'épreuve est **notée sur 8 points**. Elle doit **durer 8 minutes**.
Pour vous y préparer, tenez tout au long de l'année un **carnet de lecture**. → fiche 53, p. 113

Exercices

1 Lire une fable

Jean de La Fontaine, « La lice et sa compagne », *Fables* (1668-1694)

Une lice[1] étant sur son terme,
Et ne sachant où mettre un fardeau si pressant[2],
Fait si bien qu'à la fin sa compagne consent
De lui prêter sa hutte, où la lice s'enferme.
Au bout de quelque temps sa compagne revient.
La lice lui demande encore une quinzaine ;
Ses petits ne marchaient, disait-elle, qu'à peine.
Pour faire court, elle l'obtient.
Ce second terme échu[3], l'autre lui redemande
Sa maison, sa chambre, son lit.
La lice cette fois montre les dents, et dit :
« Je suis prête à sortir avec toute ma bande,
Si vous pouvez nous mettre hors. »
Ses enfants étaient déjà forts.

Ce qu'on donne aux méchants, toujours on le regrette.
Pour tirer d'eux ce qu'on leur prête,
Il faut que l'on en vienne aux coups ;
Il faut plaider, il faut combattre.
Laissez-leur prendre un pied chez vous,
Ils en auront bientôt pris quatre.

1. chienne de chasse destinée à la reproduction.
2. sa portée de chiots. 3. arrivé.

a. Distinguez le récit de la moralité. Comment la lecture à voix haute peut-elle marquer la différence entre les deux parties de la fable ?

....

....

....

....

....

....

b. Dans le récit, mettez en évidence les étapes de la narration et repérez les paroles de la lice (au discours indirect et direct) : quelle évolution remarquez-vous ?

....

....

....

....

....

....

....

....

....

....

....

....

c. La fable est une forme versifiée. Surlignez dans le texte les -e qui devront être prononcés.

d. En tenant compte des réponses aux questions précédentes, entraînez-vous à lire le texte à voix haute.

2 Caractériser un personnage de théâtre

Alfred de Musset, *On ne badine pas avec l'amour*, acte I, scène 1 (1834)

Au début de la pièce, Dame Pluche arrive au château annoncer le retour de la fille du seigneur. Elle est accueillie par un chœur de paysans.

Le chœur. – Durement cahotée sur son âne essoufflé, dame Pluche gravit la colline ; son écuyer transi gourdine à tour de bras le pauvre animal, qui hoche la tête, un chardon entre les dents. Ses longues jambes maigres trépignent de colère, tandis que de ses mains osseuses elle égratigne son chapelet. Bonjour donc, dame Pluche ; vous arrivez comme la fièvre, avec le vent qui fait jaunir les bois.

Dame Pluche. – Un verre d'eau, canaille que vous êtes ! un verre d'eau et un peu de vinaigre !

Le chœur. – D'où venez-vous, Pluche, ma mie ? Vos faux cheveux sont couverts de poussière ; voilà un toupet de gâté, et votre chaste robe est retroussée jusqu'à vos vénérables jarretières.

Dame Pluche. – Sachez, manants, que la belle Camille, la nièce de votre maître, arrive aujourd'hui au château. Elle a quitté le couvent sur l'ordre exprès de monseigneur, pour venir en son temps et lieu recueillir, comme faire se doit, le bon bien qu'elle a de sa mère. […] Rangez-vous, canaille ; il me semble que j'ai les jambes enflées.

Le chœur. – Défripez-vous, honnête Pluche, et quand vous prierez Dieu, demandez de la pluie ; nos blés sont secs comme vos tibias.

a. En prenant appui sur les passages soulignés, expliquez quel portrait de Dame Pluche le Chœur fait. Quel est le ton du Chœur ?

....

....

....

....

....

....

....

....

b. Le caractère de Dame Pluche est-il à l'image de ce portrait ? Observez le lexique et les types de phrases dans ses répliques.

....

....

....

....

....

....

....

....

c. En tenant compte des réponses aux questions précédentes, lisez le texte à voix haute en marquant la différence de ton entre les deux personnages.

3 Lire un discours

Aimé Césaire, *Discours sur le colonialisme* (1950)

L'auteur réfute les arguments des partisans de la colonisation.

[…] On me parle de progrès, de « réalisations », de maladies guéries, de niveaux de vie élevés au-dessus d'eux-mêmes.

Moi, je parle de sociétés vidées d'elles-mêmes, de cultures piétinées, d'institutions minées[1], de terres confisquées, de religions assassinées, de magnificences artistiques anéanties, d'extraordinaires possibilités supprimées.

On me lance à la tête des faits, des statistiques, des kilométrages de routes, de canaux, de chemins de fer.

Moi, je parle de milliers d'hommes sacrifiés au Congo-Océan[2]. Je parle de ceux qui, à l'heure où j'écris, sont en train de creuser à la main le port d'Abidjan. Je parle de millions d'hommes arrachés à leurs dieux, à leur terre, à leurs habitudes, à leur vie, à la vie, à la danse, à la sagesse.

1. détruites. 2. ligne ferroviaire.

a. Quel procédé stylistique traduit l'implication du locuteur dans son discours ?

b. Identifiez les procédés d'écriture dans les passages soulignés. Quelle dimension le texte revêt-il ?

c. Déterminez la tonalité du texte. Justifiez votre réponse.

d. Entraînez-vous à lire le texte à voix haute. Tenez compte du genre du texte et de sa tonalité.

4 Rendre compte du mouvement du texte

Guy de Maupassant, *Le Horla* (1887)

Le narrateur est en proie à de fréquentes hallucinations. Dans cet extrait il relate une promenade en forêt.

Tantôt, pour fatiguer mon corps, si las pourtant, j'allai faire un tour dans la forêt de Roumare. Je crus d'abord que l'air frais, léger et doux, plein d'odeur d'herbes et de feuilles, me versait aux veines un sang nouveau, au cœur une énergie nouvelle. Je pris une grande avenue de chasse, puis je tournai vers La Bouille, par une allée étroite, entre deux armées d'arbres démesurément hauts qui mettaient un toit vert, épais, presque noir, entre le ciel et moi.

Un frisson me saisit soudain, non pas un frisson de froid, mais un étrange frisson d'angoisse.

Je hâtai le pas, inquiet d'être seul dans ce bois, apeuré sans raison, stupidement, par la profonde solitude. Tout à coup, il me sembla que j'étais suivi, qu'on marchait sur mes talons, tout près, à me toucher.

Je me retournai brusquement. J'étais seul. Je ne vis derrière moi que la droite et large allée, vide, haute, redoutablement vide ; et de l'autre côté elle s'étendait aussi à perte de vue, toute pareille, effrayante.

a. Quel passage marque un changement d'atmosphère ? Que ressent alors le narrateur ?

b. Lignes 9 à 18, marquez d'une barre les endroits où vous ferez une pause dans la lecture. Expliquez vos choix.

c. En tenant compte de vos réponses aux questions précédentes, entraînez-vous à lire le texte à voix haute en faisant sentir les émotions du narrateur.

Mentions de copyright et crédits iconographiques :
Couverture : Pascal Chantier/Moby Dick Films - **chronologie** (rabat avant, de g. à d. et de h. en b.) : Akg Images ; Heritage Images/ Fine Art Images/Akg-images ; Photo12/Alamy ; Sotheby's/Akg Images ; Hervé Lewandowski/RMN-GP - **liseré floral** (p. 4-23) : Accademia Italiana, London/Bridgeman Images - **intérieur : p. 2 :** Collection Dagli Orti/Aurimages - **p. 5 :** Coll. Jonas/Kharbine-Tapabor/©ADAGP, Paris, 2021 - **p. 10 :** Collection Dagli Orti/Musée Archéologique Naples/Aurimages ; Collection Joinville/ Akg-images - **p. 12 :** Alamy/World History Archive/Photo12 - **p. 15 :** PHOTOPQR/L'ALSACE/MAXPPP - **p. 16 :** Luisa Ricciarini/ Leemage/Bridgeman - **p. 20 :** CC0 Paris Musées/Maisons de Victor Hugo Paris-Guernesey - **p. 21 :** Agip/Bridgeman Images - **p. 34 :** Patrice Cartier /Gusman/Leemage/Bridgeman - **p. 35 :** Akg Images - **p. 37 :** Heritage Images/Fine Art Images/Akg-images - **p. 38 :** Electa/Leemage/Bridgeman - **p. 40 :** Luisa ricciarini/Leemage/Bridgeman - **p. 41 :** Bridgeman Images - **p. 42 :** Bridgeman Images/Leemage - **p. 45 :** Adoc-Photos - **p. 46 :** The Granger Coll NY/Aurimages - **p. 49 :** Cameraphoto/Akg-Images - **p. 52 :** Charles H. and Mary F. S. Worcester Collection/Art Institute Chicago - **p. 53 :** FineArtImages/Leemage/ - **p. 56 :** Josse/ Leemage/Bridgeman - **p. 57 :** Wikimedia Commons - **p. 58 :** Photo RMN-Grand Palais/René-Gabriel Ojéda - **p. 59 :** Pietro Baguzzi/Akg-images/Man Ray 2015 Trust/Adagp, Paris 2021 - **p. 60 :** ETHEL/GAMMA - **p. 63 :** Collection Christophel/Cocinor - **p. 65 :** Collection Christophel © Everybody on the deck - **p. 68 :** Centre Pompidou, MNAM-CCI, Dist. RMN-Grand Palais/Adam Rzepka/Succession Brancusi-All rights reserved Adagp 2021 - **p. 69 :** Caroline Ablain ; Jean-Pierre Estournet - **p. 70 :** Vasco Celio - **p. 71 :** Martine Franck/Magnum Photos - **Numérique :** © Gallimard www.gallimard.fr

Directrice éditoriale : Agnès Botrel
Responsable éditoriale : Mathilde Lahoute
Édition : Louise Roullier
Direction artistique et création graphique : Primo&Primo
Mise en page : Al'Solo
Iconographie : Marie-Laure Fior

www.magnard.fr – ISBN : 978-2-210-11490-6

Achevé d'imprimer en avril 2021
par «La Tipografica Varese Srl» en Italie
N° éditeur : MAGSI20200446
Dépôt légal : avril 2021